Patrick Baumann

Marketing für kleine Unternehmen

Das schlaue Buch

D1726176

Patrick Baumann

MARKETING FÜR KLEINE UNTERNEHMEN

Das schlaue Buch

Umschlagfoto: Yaruta / Depositphotos.com

Umschlag: Patrick Baumann

Satz: Patrick Baumann

Gesetzt in der Crimson Text und PT Sans Narrow von Google Fonts

Screenshots: Patrick Baumann und die jeweiligen Anbieter der Websites

ISBN-13: 978-1534676497

ISBN-10: 153467649X

1. Auflage, August 2016

Inhaltsverzeichnis

Holen Sie sich jetzt gratis Ihr Bonus-Paket zum Buch!........................9

Ein paar Gedanken zum Anfang..11

Teil 1: Die Grundlagen, die Ihr Geschäft bestimmen.......................15
Geschäftsidee: Wer sind Sie und welche Probleme lösen Sie?.........15
Mit wem haben Sie es überhaupt zu tun?.......................................16
Marke...19
Kreativität..22
Ihr Produkt ist Ihr wichtigstes Marketing-Instrument....................25

Teil 2: Die konkreten Marketing-Bereiche..29
Corporate Design...29
    Woher bekomme ich ein Corporate Design?.............................30
    Alternative: Sie machen es selbst..32
        Designwettbewerbe...32
        Fertige Designs und Designtools...34
    Das Corporate Design gilt überall..35
Geschäftsausstattung...36
Fotos & Infografiken..37
Online-Marketing...38
    Ziele Ihres Online-Marketings...38
    Traffic und Conversion..39
    Website...40
        Ihre Website optimieren..43
        Content Management Systeme (CMS)....................................43
    Content-Marketing...46
        Blogs..47
        Podcasts...47
        YouTube...48
        Themenfindung für Content-Marketing................................49

Suchmaschinenoptimierung...50

    Onsite-SEO...52

    Offsite-SEO..53

    Tool statt Agentur...53

Newsletter...54

    Wie bauen Sie eine E-Mail-Liste auf?............................56

    Ihr Newsletter ist weniger interessant, als Sie denken......56

    Was enthält Ihr Newsletter und wie oft verschicken Sie

    ihn?...58

    Newsletter-Software...59

Social Media..62

    Geben, geben, geben..62

    Eins nach dem anderen...63

    Interaktion, Gespräche, Offenheit.................................64

    Schnell sein...64

    Facebook..65

    Instagram...67

    Twitter...67

Branchenverzeichnisse und -websites....................................69

Ortsbasiertes Online-Marketing...70

    Google Business...70

    Bing Maps..71

    Foursquare...71

    Yelp..72

    TripAdvisor..72

Pay-per-Click-Werbung (PPC)..74

Im Internet verkaufen..76

    Sie können klein anfangen..76

    Die Technik ist nicht das Problem................................77

Der Umgang mit Ihren Kunden..78

    Kundenservice..78

Empfehlungen und Bewertungen..80

Wie gehen Sie mit negativen Bewertungen um?.....................80

Der Umgang mit Ihrem Umfeld..82

Online vernetzen...83

Werbemittel und Merchandise..84

Werbeflächen..84

Werbematerialien und Merchandise.......................................85

Außenwerbung..87

Guerilla-Marketing...88

Klassische Medien...90

Bezahlte Werbung..90

Digitale Medien und Blogs...92

Pressearbeit...93

Gute Stories schaffen...93

Pressearbeit in der Praxis...95

Presseportale..96

Erfolgsmessung..98

Zusammenfassung..**102**

Holen Sie sich jetzt gratis Ihr Bonus-Paket zum Buch!

Das kostenlose Bonus-Paket zum Buch „Marketing für kleine Unternehmen – Das schlaue Buch„ enthält:

- Linkliste mit ergänzenden Links zu den einzelnen Kapiteln: Tools, Blogbeiträge und Buchtipps
- Markenhandbuch des Bata Bar & Billiards
- Fragebogen zur Markenkernanalyse von Bettina Schnabel
- Fragenkatalog, damit Sie immer ausreichend Blogideen haben

Jetzt herunterladen: www.patrick-baumann.de/buchbonus

Ein paar Gedanken zum Anfang

Herzlichen Glückwunsch: Sie haben sich entschieden, ein eigenes Geschäft zu eröffnen, und wollen jetzt das Marketing dafür in die Hand nehmen. Vielleicht übernehmen Sie auch ein bestehendes Geschäft. Oder Sie sind schon eine Weile dabei und wollen neuen Schwung in Ihr Business bringen. Was es auch ist, Sie haben erkannt, dass Marketing eine der Kernaufgaben eines Unternehmers ist.

Dieses Buch richtet sich hauptsächlich an Gründer und Inhaber kleiner Unternehmen, die ihr Marketing selbst machen bzw. für das Marketing verantwortlich sind. Grob geschätzt richtet sich das Buch an alle Unternehmen, die ein Marketingbudget von weniger als 20.000 Euro pro Jahr haben. Natürlich enthält das Buch auch für Unternehmen mit größerem Budget interessante Ansätze; andere Aspekte treffen hingegen weniger zu, beispielsweise meine Empfehlung, Werbeausgaben für klassische Medien möglichst zu meiden.

In diesem Buch werde ich Ihnen eine Reihe von Ideen präsentieren, mit denen Sie Ihr Geschäft nach vorne bringen können. Diese Ideen sind sicher nicht alles, was man zum Thema sagen könnte. Das ist aber, glaube ich, auch gar nicht, was Sie suchen. Sie brauchen schnelle und effiziente Einblicke und Anregungen, wie Sie Ihr Marketing anfangen oder verbessern können. Dabei wird Ihnen dieses Buch helfen. Neben den konkreten Anregungen, Aufgaben und Tools schaffe ich es hoffentlich auch, Ihnen eine bestimmte „Marketing-Denke" mitzugeben, mit der Sie auf eigene Ideen kommen können. Eigene Ideen sind im Marketing nämlich echt hilfreich – aber das überrascht Sie nicht, oder?

Wer bin ich und warum habe ich dieses Buch geschrieben? Ich habe in meiner Heimatstadt Berlin Wirtschaftskommunikation studiert, arbeite seit rund zehn Jahren freiberuflich für kleine Unternehmen und Einzelunternehmer und helfe diesen, vor allem das Internet für ihr Marketing zu nutzen. Mehr Informationen dazu finden Sie auf meiner Website www.patrick-baumann.de.

Und ich bin selbst Gründer: Ich betreibe einen Onlineshop für Billardzubehör (www.billardpro.de), blogge und schreibe Bücher zum Thema Billard (www.playing-pool.com) und habe mit einem Partner eine Billardbar in Berlin eröffnet (www.batabar.com). In diesen Unternehmen bin ich verantwortlich für das Marketing und habe viele Erfahrungen in allen möglichen Marketingbereichen gesammelt.

Besonders in meiner Arbeit als Freelancer merke ich immer wieder, dass manche Kunden ein natürliches Verständnis fürs Marketing haben, während sich andere eher schwer damit tun. Ob Sie sich nun eher zur ersten oder zweiten Gruppe zählen: Ich hoffe, meine Erfahrungen, die ich in diesem Buch gesammelt habe, helfen Ihnen weiter.

Das Buch ist so aufgebaut, dass wir uns von eher allgemeinen, grundlegenden Themen wie Ihrer Geschäftsidee, Ihren Zielgruppen und Ihrer Marke zu ganz praktischen Marketingbereichen wie Außenwerbung, Internet etc. bewegen. Im ersten Teil sollen Sie die oben erwähnte „Marketing-Denke" bekommen, während wir im zweiten Teil ganz konkrete Schritte planen.

Jeder Abschnitt enthält am Ende eine oder beide dieser Listen:
- das Wichtigste aus diesem Kapitel
- Aufgaben / nächste Schritte

Diese Listen helfen Ihnen, schon beim Lesen des Buches an Ihrem Marketing zu arbeiten, und machen es Ihnen später leicht, das Buch wirklich als „schlaues Buch" zu verwenden, als eine Art Nachschlagewerk, wenn Sie sich mit einem Bereich näher beschäftigen möchten. Zusätzlich zu diesen Listen gibt es noch ein umfangreiches Bonus-Paket zu diesem Buch. Es enthält eine Linkliste mit nützlichen Werkzeugen, Blogbeiträgen und Büchern und weitere Goodies, die ich im Laufe des Buches genauer beschreibe. Sie finden das Bonus-Paket unter diesem Link: www.pbom.de/bonus

Das Buch soll auch als eine Stichwortsammlung dienen und Ihnen zu den besprochenen Themen jeweils einen ersten Überblick geben, den Sie dann über weiterführende Recherche vertiefen können. Ich will Ihnen nicht alles erzählen, was es zu wissen gibt, aber die wichtigsten Dinge, damit Sie in die richtige Richtung weitergehen können.

Sie sollten übrigens nicht versuchen, alles auf einmal zu machen. Arbeiten Sie erst die Grundlagen aus Teil 1 durch, und suchen Sie sich dann aus Teil 2 die Bereiche aus, die Sie als nächstes angehen wollen.

So, genug eingeleitet, legen wir los!

Patrick Baumann

Teil 1: Die Grundlagen, die Ihr Geschäft bestimmen

Geschäftsidee: Wer sind Sie und welche Probleme lösen Sie?

Lassen Sie uns zuerst über Probleme sprechen. Jeder hat Probleme, aber keiner will sie. Sie als Unternehmer sollten es gerade anders sehen. Unternehmer lieben Probleme. Warum? Ein Problem ist immer die Basis für ein Geschäft. Wenn etwas nicht gut funktioniert, wenn etwas Zeit kostet, kaputt geht, Ihnen lästig ist, nervt, teuer ist, dann ist das ganz fantastisch. Denn es heißt, dass Sie das Problem mit einer guten Idee lösen können.

Gute Produkte und Dienstleistungen lösen Probleme für eine bestimme Gruppe von Menschen. Das sollten Sie immer vor Augen haben. Welches Problem Sie lösen wollen und können, hängt dann ganz davon ab, was Sie können und was das Problem braucht. Mit meiner Billardbar in Berlin löse ich zum Beispiel das recht allgemeine Problem, was man in seiner Freizeit machen könnte. Dieses Problem betrifft viele Menschen, und mein Angebot ist nur eine von vielen Lösungen dafür. Es gibt aber noch eine kleinere Gruppe von Menschen, nämlich regelmäßige Billardspieler, für die ich noch ein anderes Problem löse: Dass die meisten Billardsalons in Berlin ungemütlich sind und schlechte Billardtische haben. Sie sehen also, dass eine Lösung auch für verschiedene Probleme taugen kann.

Das Wichtigste aus diesem Kapitel

- Ihr Geschäft sollte immer Probleme lösen.
- Idealerweise lösen Sie diese Probleme besser oder günstiger als andere Anbieter.
- Eine Lösung kann für verschiedene Probleme funktionieren, und ein Problem kann verschiedene Lösungen haben.

Aufgaben / nächste Schritte:

- Welche Probleme lösen Sie?
- Welche Lösungen gibt es bereits für diese Probleme?
- Was unterscheidet Ihre Lösung von den anderen Lösungen? Bzw. warum sollte man Ihre Lösung den anderen Lösungen vorziehen (günstiger, besser, umweltfreundlicher, angenehmer zu bedienen…).

Denken Sie auch an das Bonus-Paket zum Buch mit nützlichen Tools zu diesem Kapitel! www.pbom.de/bonus

Mit wem haben Sie es überhaupt zu tun?

Ein Gedanke hat für mich die größte Bedeutung, wenn ich über neue Marketingmaßnahmen für meine Geschäfte nachdenke. Es ist gleichzeitig meine wichtigste Botschaft für Sie, die Sie immer im Kopf behalten sollten. Vielleicht hängen Sie sich sogar einen Zettel an die Wand, der Sie ständig daran erinnert:

Es geht um Menschen.

Klingt banal, ist aber wichtig. Alles, was Sie tun, Ihr Geschäft, Ihre Idee, Ihr Marketing, richtet sich immer an Menschen. Und Menschen haben viele komplexe Eigenschaften – hier sind ein paar davon:

- Menschen entscheiden meist nicht logisch, sondern emotional.

- Jeder denkt und fühlt anders und sieht die Welt durch seine Brille.
- Menschen in der heutigen Gesellschaft sind einer Masse an Reizen, insbesondere Konsumreizen, ausgesetzt, die uns eigentlich nur schreiend weglaufen lassen wollen. Besonders, seit wir ständig Smartphones und Tablets in der Hand halten, die uns mit noch mehr Reizen überfluten.

Aber der Satz „Es geht um Menschen" hat auch Vorteile. Der größte Vorteil: Sie sind auch einer. Auch wenn Menschen unterschiedlich denken, andere Interessen und Absichten haben, so sind wir uns im Kern sehr ähnlich. Die Kunst ist, sich auf eine höhere Ebene zu begeben, von Ihrer Person zu abstrahieren und sich gleichzeitig selbst als Beispiel zu nehmen. Ok, das klingt jetzt ziemlich kompliziert.

Ein Beispiel: Sie interessieren sich sehr für Golf. Also würde eine Anzeige in einer Golfzeitschrift größere Chancen haben, auf Ihre Aufmerksamkeit zu stoßen. Oder wenn ein von Ihnen verehrter Golfspieler auf Facebook ein Vitaminpräparat lobt, würden Sie genauer hinsehen. Ihre Abstraktionsleistung wäre in diesem Beispiel, nicht davon auszugehen, dass sich jeder wie Sie für Golf begeistert. Aber: Sie können davon ausgehen, dass sich jeder für etwas genauso begeistert wie Sie. Und da können Sie dann ansetzen, nämlich, indem Sie die Interessen Ihrer Kunden herausfinden und entsprechend bedienen.

Ein weiteres Beispiel: Sie sind vielleicht ein großer Fan von Abenteuer-Urlaub, während andere Leute lieber zwei Wochen „all inclusive" in einer Bettenburg am Strand verbringen. Ihr Urlaubs-Interesse ist völlig verschieden. Aber Ihr Interesse nach Erholung, Abwechslung und einem Tapetenwechsel ist sich ähnlich. So wie auch der Wunsch danach, für Ihr Geld etwas geboten zu bekommen oder freundlich behandelt zu werden. Ich denke, Sie verstehen den Punkt. Wir alle haben ähnliche Grundbedürfnisse. Zum Beispiel wollen wir anständig behandelt, nicht über den Tisch gezogen und als Individuum wahrgenommen werden. Und wir wollen unsere Probleme gelöst bekommen.

In unseren Interessen aber unterscheiden wir uns sehr. Das gilt übrigens besonders dafür, wie interessant Ihre potentiellen Kunden Ihr Angebot finden. Nämlich im Zweifel weniger als Sie. Niemand interessiert sich für Ihr Geschäft so sehr wie Sie. Das heißt etwa ganz praktisch, dass Ihnen niemand so genau zuhört, wie Sie denken. Dass niemandem Ihre Plakate so auffallen wie Ihnen. Nehmen Sie es nicht persönlich.

Sie haben ja keine Ahnung, wie oft mich Kunden meines Onlineshops per E-Mail nach Informationen fragen, die man x-mal direkt in unserem Onlineshop nachlesen kann. Es wäre aber völlig falsch, die Leute belehrend auf meine Website hinzuweisen. Stattdessen freue ich mich, dass sich die Person für meinen Onlineshop interessiert, und schreibe ihm genau die gewünschte Information zurück. Ohne zu murren und zu meckern. Klingt logisch? Wird aber leider oft falsch gemacht. Sie haben sicher selbst Erfahrungen mit Servicemitarbeitern, die Sie belehrt haben, bis Sie sich wieder wie mit acht Jahren im Matheunterricht bei Frau Müller fühlten.

Machen Sie Ihre Probleme nicht zu Problemen des Kunden. Wenn in meinem Onlineshop jemand bestellt und der Paketdienst dann die Ware verbummelt, ist das mein Problem als Händler, nicht das Problem des Kunden. Also ist es meine Aufgabe, alles zu tun, das Zeug schnellstmöglich zu ihm zu bringen. Das heißt manchmal sogar, dass wir Ware erneut versenden, bevor wir überhaupt wissen, wo die erste Sendung abgeblieben ist.

Das Wichtigste aus diesem Kapitel

- Empathie ist wichtig. Schauen Sie genau hin, wie Leute denken und handeln. besonders Ihre Zielgruppe.
- So wie Sie gerne behandelt werden wollen, werden auch Ihre Kunden gerne behandelt.
- Machen Sie Ihre Probleme nicht zu Problemen des Kunden.
- Belehren Sie Ihre Kunden nicht.
- Sehen Sie Ihre Kunden nicht als Ärgernisse, nur weil ein kleiner Teil der Kundschaft tatsächlich ein Ärgernis ist.

Aufgaben / nächste Schritte:

- Wer hat die Probleme, die Sie lösen? Versuchen Sie, sich einen oder mehrere modellhafte Kunden vorzustellen.
- Nehmen Sie ein Blatt Papier und einen Stift und schreiben Sie Eigenschaften Ihres Traumkunden auf. Wie lebt er/sie? Was braucht er/sie von Ihnen?

Denken Sie auch an das Bonus-Paket zum Buch mit nützlichen Tools zu diesem Kapitel! www.pbom.de/bonus

Marke

Wir haben eben bereits darüber gesprochen, welche Probleme Sie lösen möchten. Das ist der erste Schritt, um Ihr Angebot zu einer Marke zu machen, um Ihrem Angebot ein Gesicht zu geben. Denn es reicht heute schon lange nicht mehr, einfach ein gutes Angebot zu machen und dann auf Kunden zu warten. Oft sind Angebote zu komplex oder zu ähnlich, als dass man auf einen Blick die Vorteile gegenüber einem anderen Angebot erkennen könnte – doch leider haben Sie selten mehr Zeit, um zu überzeugen. Sie brauchen also andere Mittel, um sich deutlich von den Wettbewerbern zu unterscheiden.

Diese Unterscheidung soll eine gute Marke für Sie erledigen. Für mich ist eine Marke eine radikal vereinfachte Zusammenfassung Ihres Angebots. Alle möglichen Aspekte führen Sie in Ihrer Marke zusammen: Die eigentliche Beschreibung des Angebots, die Qualität, das Preisgefüge, den Ton, in dem Sie mit Ihren Kunden sprechen etc. Diese Zusammenfassung kann, für Ihren internen Gebrauch, erst einmal ein Satz oder zwei Sätze sein: Wofür Ihr Unternehmen steht, was es leistet, wie es das tut, und wie es mit Kunden und Partnern umgehen möchte.

Seien Sie hier sehr präzise! Natürlich ist Ihr Produkt das tollste, der Preis ist gut und Sie wollen alle Kunden glücklich machen. Aber ist das wirklich trennscharf genug, um sich von anderen Marken in Ihrem Segment abzuheben? Ich mache es gerne so, dass ich eine zu schwammige Markenaussage umformuliere und jedes Adjektiv mit dem kompletten Gegenteil ersetze. Und wenn das dann ganz, ganz furchtbar klingt, war meine erste Aussage zu allgemein. Ein Beispiel:

- *schwammiges Original*: Blumen-Meier liefert die besten und schönsten Blumen und Pflanzen zu einem sagenhaften Preis.
- *furchtbares Gegenteil*: Blumen-Meier liefert die schlechtesten und hässlichsten Blumen und Pflanzen zu einem katastrophalen Preis.

Das Gegenteil klingt schrecklich, richtig? Niemand würde dort kaufen. Das heißt, dass das schwammige Original jeder Blumenhändler von sich behaupten würde. Wann immer das der Fall ist, war das Original nicht präzise genug. Für eine richtige Marke brauchen wir deutlichere Unterscheidungen. Das heißt auch, dass wir uns gegen bestimmte Eigenschaften entscheiden müssen. Zum Beispiel: Bieten wir eher klassische „Oma-Sträuße" an oder geht es bei uns eher Richtung Landhaus-Stil (ich verstehe nichts von Blumen und kaufe selten welche). Haben wir eher billige Produkte eher niedriger Qualität oder teure mit hoher Qualität? Beraten wir die Kunden ausführlich (was einem Kunden wie mir wirklich helfen würde) oder muss man sich selbst zusammensuchen, was man möchte? Oder verkaufen Sie nur fertige Gebinde „von der Stange"?

Diese ganzen Fragen stellen Sie dann zu einer präzisen Markenaussage oder auch „Positionierung" zusammen, deren Umkehrung nicht mehr wie völliger Quatsch klingt, sondern einfach nur wie ein Blumenhändler mit einer anderen Positionierung. Diese könnte zum Beispiel lauten:

Klare Positionierung: Blumen-Meier bietet fertige Blumen-Gebinde für alle Anlässe zum besten Preis.

Der nächste Schritt ist, dieser internen Positionierung ein Gesicht zu geben. Darüber sprechen wir in Teil 2. Vorab machen wir noch einen kleinen Exkurs zum Thema Kreativität, der Ihnen dabei helfen wird.

Das Wichtigste aus diesem Kapitel

*   Sie brauchen eine klare Marke, die Sie von ähnlichen Angeboten abhebt.
*   Eine Marke ist eine radikale Vereinfachung der Eigenschaften Ihres Unternehmens.

- Dazu müssen Sie sich entscheiden, was Sie sein wollen und was nicht.

Aufgaben / nächste Schritte

- Brainstormen Sie, was für Ihr Angebot charakteristisch ist und warum Ihr Wunschkunde bei Ihnen richtig ist.
- Formulieren Sie aus den Antworten eine Positionierung, einen Satz, der Ihr Angebot beschreibt. Achten Sie darauf, dass das Gegenteil davon, wie oben beschrieben, kein Unsinn ist, sondern einfach eine andere Positionierung.
- Als Hilfe für diese Aufgabe finden Sie im Bonus-Paket einen Fragebogen meiner Kollegin Bettina Schnabel, der Ihnen hilft, Ihren Markenkern zu finden: „THE CORE".

Denken Sie auch an das Bonus-Paket zum Buch mit nützlichen Tools zu diesem Kapitel! www.pbom.de/bonus

Kreativität

Sie haben jetzt eine Idee davon, welche Probleme Sie für welche Zielgruppen lösen und mit welcher Positionierung Sie das machen möchten. Ich werde Ihnen im späteren Teil des Buches etliche Methoden mitgeben, wie Sie Ihre Kunden erreichen. Weiterhin rate ich Ihnen, sich ständig auf dem Laufenden zu halten, weitere Bücher oder Blogs zum Thema zu lesen und einfach am Ball zu bleiben, wenn es um die Vermarktung Ihres Geschäfts geht. Was Sie unbedingt tun sollten: Zapfen Sie das unerschöpfliche Reservoir Ihrer Kreativität an.

Wann immer Sie nach Möglichkeiten suchen, Ihr Geschäft voranzubringen, seien Sie kreativ. Niemand kennt Ihr Geschäft und Ihre Materie so gut wie Sie. Sie kennen die Probleme, die Zielgruppen und

Ihre Positionierung. Werfen Sie das zusammen in einen Topf und entwickeln Sie ständig neue Ideen für Ihr Marketing und Ihr Angebot. Beobachten Sie andere und überlegen Sie, wie Sie ähnliche Maßnahmen in Ihrem Geschäft umsetzen könnten.

Beispielsweise ist es eine sehr sinnvolle Sache, einen E-Mail-Verteiler aufzubauen, an den Sie regelmäßig Newsletter verschicken. Um E-Mail-Adressen zu gewinnen, bieten fast alle Online-Marketing-Profis ein kleines Geschenk an, zum Beispiel ein kurzes Info-Dokument zu einem Thema, das die Besucher interessiert, einen Gutschein für den Onlineshop oder einen kurzen E-Mail-Kurs zum Thema. Als wir unseren Billardsalon Bata Bar & Billiards in Berlin eröffneten, wollten wir das gleiche machen. Da das Bata ein physisches Geschäft in Berlin ist, wollten wir allerdings kein „Online"-Geschenk machen. Also haben wir einfach einen Gutschein eingerichtet, mit dem unsere Abonnenten 5,- Euro Rabatt bei ihrem ersten Besuch im Bata erhalten.

Ein weiteres Beispiel: Sie kennen vielleicht das so genannte „Freemium"-Modell. Das Wort setzt sich zusammen aus dem englischen Wort „free" (hier: kostenlos) und „premium". Gemeint ist damit ein gängiges Geschäftsmodell von Smartphone-Apps oder auch von Software für Computer. Sie erhalten die Basis-Version einer App gratis; gleichzeitig gibt es eine weitere, kostenpflichtige „Pro"-Version, die nützliche Zusatzfunktionen bietet oder frei von Werbeanzeigen ist. Der Kunde kann die Gratis-Version nutzen, um sich mit der App vertraut zu machen, und wenn sie ihm gut genug gefällt, kauft er die Premium-Version.

Das gleiche Modell wollten wir im Bata anwenden. Wir überlegten also, was wir verschenken könnten. Wir verkaufen im Bata zwei Dinge: Getränke und die Nutzung unserer Billardtische. Getränke wollten wir nicht verschenken, da diese uns selbst Kosten verursachen. Aber Billard konnten wir verschenken, da die Billardtische ja eh schon dastanden und wir anfangs eine niedrige Auslastung hatten. Das Ergebnis war „Batas wunderbarer Tag des Billards", den wir seit zwei Jahren jeden Montag abhalten und an dem unsere Gäste gratis Billard an einigen Tischen spielen können. Der Tag hat uns schon etliche neue Besucher gebracht, die anfangs nur gratis spielen wollten, später aber auch an anderen Tagen kamen. Weiterhin haben wir einige besonders gute „Premium"-Tische, die auch montags kostenpflichtig sind. Manche Gäste wollen nur an diesen Tischen spielen und gönnen sich das „Upgrade" auf den besseren Tisch.

Sie sehen, mit ein bisschen Fantasie kann man Modelle aus anderen Branchen auch auf sein eigenes Geschäft anwenden.

Das Wichtigste aus diesem Kapitel

- Entwickeln Sie ständig neue Ideen für Ihr Marketing und Ihr Angebot.
- Beobachten Sie anderen Branchen und überlegen Sie, wie Sie ähnliche Maßnahmen in Ihrem Geschäft umsetzen könnten.

Aufgaben / nächste Schritte

- Welche interessante Maßnahme ist Ihnen kürzlich untergekommen, die Sie für Ihr Geschäft übernehmen könnten? Wie würde Ihre Adaption dieser Maßnahme aussehen? Schauen Sie dabei nicht zu Ihrer direkten Konkurrenz, das sieht schnell wie schnödes Nachahmen aus.

Denken Sie auch an das Bonus-Paket zum Buch mit nützlichen Tools zu diesem Kapitel: www.pbom.de/bonus

Ihr Produkt ist Ihr wichtigstes Marketing-Instrument

Bevor wir uns die konkreten Marketing-Instrumente anschauen, widme ich dem aus meiner Sicht heute wichtigsten Marketing-Instrument einen Extra-Abschnitt. „Marketing" wird im normalen Sprachgebrauch normalerweise gleichgesetzt mit Werbung, verkaufen, sich bekannt machen. Als wissenschaftliche Fachdisziplin hingegen besteht Marketing aus vier Bereichen: Preis, Produkt, Place (Vertrieb) und Promotion („die vier P"). Das, was der Volksmund mit Marketing meint, ist nur eines der Ps, nämlich Promotion, also alle Disziplinen der Kommunikation über Ihr Angebot. Das meiner Ansicht nach wichtigste Element ist heute ein gutes Produkt.

Ein schlechtes Produkt braucht ungeheuer viel Geld für „Promotion", um die Nachteile des Produkts zu übertünchen und, entgegen der Erfahrungen der Kunden, immer wieder zu behaupten, es sei ein gutes Produkt. Ein gutes Produkt hingegen verkauft sich selbst.

Nehmen Sie zum Beispiel Red Bull: Diese eklige Brühe in bunten Dosen ist ein ganz, ganz mieses Produkt (hoffentlich werde ich dafür nicht verklagt) zu gnadenlos überhöhten Preisen. Eine Dose mit 0,25 Litern Inhalt kostet im Supermarkt ca. 2,- Euro. Der Herstellungswert bewegt sich vermutlich im Cent-Bereich. Das Wirtschaftsmagazin „brand eins" analysierte 2011 die Bilanz von Red Bull. Red Bull gab laut dieser Analyse 2009 mehr als die Hälfte seines Umsatzes für Promotion aus, insbesondere für Sponsorings von Fußballvereinen, der Formel 1 und der ganzen verrückten Trendsportarten, z.B. mit dem Fallschirm aus dem Weltall auf die Erde zu springen.

Schauen wir als Gegensatz dazu auf ein qualitativ hochwertiges Produkt wie Bionade. Bionade war am Anfang ein Produkt einer kleinen Brauerei in der Rhön, die wegen der sinkenden Nachfrage nach Bier und der Konkurrenz großer Brauereien unter Druck war. So entwickelte die Brauerei ein Brauverfahren, bei dem kein Alkohol entsteht. Die Bionade war geboren. Gab es Bionade zunächst nur in der Rhön und angrenzenden Regionen, wurde es schnell zum Geheimtipp in Hamburg. Zunächst ohne großes Marketing trat Bionade ihren Siegeszug an und wurde schließlich 2009 von Radeberger übernommen.

Es gab diesen Effekt schon immer. Gute Produkte wurden schon immer von Benutzer zu Benutzer weiterempfohlen, haben Tests gewonnen usw. Allerdings war es vor der Entstehung des Internets leichter, mit Werbekampagnen für schlechte Produkte in Zeitungen, Radio und Fernsehen das Gegenteil zu behaupten. Die Kunden hatten keinen Kommunikationskanal, außer dem persönlichen Gespräch mit Bekannten und Freunden. Heute hat Mund-zu-Mund-Propaganda einen ungleich höheren Stellenwert, da jeder im Internet auf Bewertungsportalen seine Meinung kundtun kann, sich auf Facebook, Twitter oder in einem eigenen Blog über seine negative (oder positive) Erfahrung auslassen kann – und es auch tun wird. Und dort, in den sozialen Medien und im Internet, wird als erstes über Sie gesprochen. Mit der Qualität Ihrer Produkte entscheiden Sie zwischen Sturm der Begeisterung oder Shitstorm.

„Märkte sind Gespräche", sagte das Cluetrain-Manifest schon 1999 (das sollten Sie sich übrigens unbedingt mal komplett durchlesen). Menschen sprechen über Ihr Produkt. Sorgen Sie dafür, dass die Menschen positiv über Sie sprechen, weil Ihr Produkt gut ist, anstatt negativ, weil Sie Ramsch verkaufen. Wenn Sie viel Geld hätten, um ein schlechtes Produkt mit Marketing zu übertünchen, würden Sie dieses Buch nicht lesen. Sie sind also dazu verdammt, ein gutes Produkt anzubieten. Das Gute daran ist: Es macht mehr Spaß.

Doch leider reicht ein gutes Produkt nicht aus. Die Menschen müssen ja auch davon erfahren, dass es Ihr Produkt gibt. Und dafür nutzen wir die Werkzeuge im folgenden Teil des Buches.

Das Wichtigste aus diesem Kapitel

- Das wichtigste Marketing-Element ist heute ein gutes Produkt.
- Heute hat Mund-zu-Mund-Propaganda einen ungleich höheren Stellenwert, da jeder im Internet seine Meinung kundtun kann.

Aufgaben / nächste Schritte

- Seien Sie kritisch mit sich selbst und Ihrem Produkt bzw. Ihrer Dienstleistung: Ist Ihr Produkt wirklich gut? Ist es gut genug, dass es allein deshalb weiterempfohlen werden würde?
- Wie können Sie Ihr Angebot verbessern, um das zu erreichen?

Patrick Baumann

Teil 2: Die konkreten Marketing-Bereiche

Die folgenden Bereiche sind meines Erachtens die wesentlichen Bereiche, denen Sie sich als kleines Unternehmen widmen sollten. Natürlich ist es keine komplette Liste; täglich entstehen neue Kanäle im Internet, die man für sein Marketing nutzen könnte (aber machen Sie bloß nicht den Fehler, auf jeden neuen Zug aufspringen zu wollen). Und es unterscheidet sich auch je nach Branche, welche Maßnahmen für Sie besonders wichtig sind und welche nicht.

Die Reihenfolge der Maßnahmen ist nicht zufällig. Es ist auf jeden Fall sinnvoll, bei Neugründungen am Anfang über das allgemeine Erscheinungsbild der Marke nachzudenken und grundlegende Dinge wie Logo und Corporate Design zu entwickeln. Wenn Ihr Geschäft keine Neugründung ist, ist das nicht zwangsläufig dringend; es sei denn, Sie haben den Eindruck, ihr Erscheinungsbild könnte eine Auffrischung gebrauchen oder ihre bisherigen Werbemittel machen einen Eindruck von „Kraut und Rüben" und sollten einheitlicher sein.

Corporate Design

Unter Corporate Design (CD) versteht man allgemeine Gestaltungsgrundsätze, nach denen Ihr Unternehmen nach außen auftritt. Sie können auch so etwas wie die sprachliche Tonalität mit ins Corporate Design einbeziehen, also der Tonfall bzw. Stil, in welchem Sie mit Ihren Kunden kommunizieren wollen. Geht es eher locker zu und duzen Sie Ihre Kunden? Oder sind Ihre Kunden eher auf Formalitäten bedacht und es muss eher gesetzt zugehen? Das sollten Sie vorher wissen. Der wesentliche Teil des CD ist das optische Erscheinungsbild, das mindestens aus Logo, Schriften und Farben bestehen sollte.

Woher bekomme ich ein Corporate Design?

Die klassische Lösung ist, sich an einen Grafikdesigner bzw. eine Agentur zu wenden. Diese gibt es wie Sand am Meer, und die Bandbreite geht hier von Quereinsteiger oder Student, der nicht viel kostet, aber ggf. (nicht zwangsweise) nicht so viel liefert, bis hin zum großen Designbüro, wo internationale Unternehmen Unsummen lassen.

Für kleine Unternehmen empfehle ich meist, sich mit einem einzelnen Grafikdesigner oder einem kleinen Designbüro zusammen zu tun. Vielleicht haben Sie ja schon eine Idee, wer das für Sie sein könnte. Wenn nicht: Fragen Sie Bekannte und Freunde, ob sie Grafiker empfehlen können. Schauen Sie in Ihrer Stadt, ob Ihnen das optische Erscheinungsbild eines Geschäfts gefällt, und fragen Sie einfach mal, wer das Logo bzw. Grafikdesign gemacht hat. Wenn es kein direkter Konkurrent von Ihnen ist, wird man Ihnen sicher gerne den Designer empfehlen. Googeln Sie nach Grafikdesignern und schauen Sie sich die Referenzen des Designers an. Und wenn Sie im Internet auf schöne Websites stoßen, die Ihnen gefallen, fragen Sie auch hier nach, wer für Logo und Grafik verantwortlich war.

Im nächsten Schritt kontaktieren Sie den Designer und fragen Sie Ihren Auftrag an. Beschreiben Sie Ihr Unternehmen und orientieren Sie sich dabei an den drei Aspekten von oben: Welche Probleme lösen sie für welche Zielgruppen und mit welcher Positionierung machen Sie das? Und welche Leistungen brauchen Sie vom Designer? Mindestens ein Logo, das generelle Erscheinungsbild (Schriften, Farben, Bildsprache von Fotos, grafische Elemente) und vielleicht auch einen Flyer, Vorlagen für Plakate oder auch Vorlagen für Grafiken, die Sie auf Facebook, Instagram o.ä. teilen möchten etc. Das wissen nur Sie, und es werden in der Zukunft vermutlich weitere Werbemittel hinzukommen. Lassen Sie an dieser Stelle noch kein Design für Ihre Website machen; das kommt später und dazu habe ich weiterführende Empfehlungen.

Da Sie auch in der Zukunft neue Werbematerialien brauchen werden, empfehle ich Ihnen, einen kleinen „CD-Guide" oder „Markenhandbuch" erstellen zu lassen. Das ist ein kleines Handbuch, in dem diese Eckpunkte festgelegt sind. Wie sieht das Logo aus und welche Varianten gibt es? Welche Schriften werden verwendet und wie? Welche Farben dürfen verwendet werden? Weiterhin enthält ein solcher Guide Anwendungsbeispiele dieser Regeln, zum Beispiel das Design eines Flyers oder eines Plakats.

In großen Unternehmen haben diese Handbücher teilweise hunderte von Seiten. Bei einem kleinen Unternehmen sind Sie schon ganz vorne dabei, wenn Sie überhaupt solch ein Dokument haben. Unser Markenhandbuch für das Bata Bar & Billiards umfasst 14 Seiten. (Sie können gerne einen Blick darauf werfen. Laden Sie sich dazu einfach kostenlos das Bonuspaket zum Buch herunter: www.pbom.de/bonus)

Mit Angaben zu Preisen bin ich normalerweise zurückhaltend, will Ihnen hier aber trotzdem einen Anhaltspunkt geben. Für die Entwicklung eines solchen Erscheinungsbildes und der darin enthaltenen Elemente müssen Sie mit einem niedrigen vierstelligen Eurobetrag rechnen. Ich empfehle Ihnen diese Variante, wenn sie 20% Ihres anfänglichen Marketingbudgets nicht übersteigt.

Alternative: Sie machen es selbst

Wenn Ihnen ein Grafikdesigner zu teuer ist oder Sie über entsprechendes Know-How verfügen, können Sie diese Dinge auch selbst erstellen bzw. erstellen lassen. Seien Sie hier vorsichtig und überschätzen Sie Ihre Fähigkeiten nicht! Es ist eine Sache, auf ein fertiges Grafikdesign zu schauen und eine Meinung dazu zu haben, und eine ganz andere Sache, selbst eines aus dem Boden zu stampfen.

Sie müssen dazu nicht selbst Grafiker sein; es reicht, wenn Sie wissen, was Sie haben möchten. Es gibt nämlich etliche Möglichkeiten, heute professionelle Designs zu bekommen und dabei ordentlich Geld zu sparen. Dazu müssen Sie aber, wie bereits gesagt, ein Auge für Design haben. Sollte das nicht der Fall sein, bleiben Sie bei Variante 1, dem „richtigen" Grafikdesigner. Wenn Sie sich allerdings zutrauen, diese Dinge selbst zu organisieren, kommen jetzt ein paar Empfehlungen.

Designwettbewerbe

Diese und die folgenden Methoden sind zu empfehlen, wenn Ihr Budget nicht reicht, um einen guten, erfahrenen Designer oder ein Designbüro zu beauftragen. Natürlich können Sie auch Grafikdesigner finden, die diese Arbeiten günstiger erledigen. Ein großes Problem ist allerdings, ob Ihnen die Entwürfe des Designers auch gefallen werden. Sie haben zwar die Möglichkeit, sich vorher die bisherigen Arbeiten des Designers anzusehen, und sie werden während des Designprozesses ein paar verschiedene Ansätze des Designers erhalten. Allerdings kann das Ergebnis bei weniger erfahrenen oder schlecht ausgebildeten Designern ernüchternd ausfallen. Dann haben Sie das Problem, dass

Sie das Ergebnis nicht wollen, aber der Designer bereits Arbeit geleistet hat, die er bezahlt haben möchte.

Eine Alternative dazu sind Plattformen im Internet, auf denen Sie Designwettbewerbe ausrichten können. Sie beauftragen z.B. die Erstellung eines Logos, beschreiben, was Sie sich vorstellen und loben einen Preis aus, zum Beispiel 300,- Euro. Die auf der Plattform registrierten Designer haben nun eine Woche Zeit, Entwürfe einzureichen. Während dieser Phase können Sie die Entwürfe bewerten und Feedback geben, und die Designer passen ihre Entwürfe an. Am Ende des Wettbewerbs suchen Sie sich ein Design aus. Dessen Designer erhält dann das Preisgeld.

Auf diesem Wege können Sie aus einer viel größeren Zahl von Entwürfen und Stilen wählen. Aus meiner Erfahrung sind ein paar schlechte Entwürfe dabei und sehr viele mittelmäßige. Aber es sind immer 2-3 Designer dabei gewesen, die mir gut gefallen haben. Ich habe in allen meinen Wettbewerben am Ende ein tolles Ergebnis erhalten – schließlich reicht es, wenn ein Logo perfekt ist.

Der bekannteste Anbieter solcher Wettbewerbe heißt 99designs und ist seit einigen Jahren auch auf deutsch verfügbar. Weitere Anbieter finden Sie im Bonus-Paket zum Buch.

Einige Logos, die ich auf 99designs habe erstellen lassen

Fertige Designs und Designtools

Für alle Arten von Designs, zum Beispiel Logos, Poster, aber auch Websites, gibt es fertige Designs, die Sie anpassen können. Sie erhalten diese auf spezialisierten Plattformen, wo Sie sie für kleines Geld kaufen und dann nachträglich anpassen können. Teilweise gibt es auch Tools, mit denen Sie direkt im Internetbrowser Ihr Logo oder Plakat entwerfen können.

Hier gilt noch mehr als bei den Designwettbewerben, dass Sie ein gutes Verständnis für Design haben sollten, da die Anpassungsmöglichkeiten Ihnen leider auch die Möglichkeit einräumen, vieles falsch zu machen. Am schwierigsten ist wohl, ein einheitliches Erscheinungsbild zu erzeugen, da Sie z.B. für Logo und Website zwei unterschiedliche Plattformen brauchen. Fangen Sie am besten mit Logo, Farben und Schriften an und erstellen Sie dann alles weitere.

Meine Empfehlung für Design-Laien, die es trotzdem selbst versuchen wollen: Seien Sie nicht zu kreativ! Verwenden Sie wenige Farben und Schriften und gestalten Sie nicht zu viel. Sie machen weniger falsch, wenn Sie die Dinge einfach halten. Das ist ein sehr allgemeiner Ratschlag, aber mir hat er immer sehr geholfen. Es gibt auch ein ganz fantastisches Buch, das Nicht-Designern die Grundzüge des Designs erklärt: „Design & Typografie – Die überraschend einfachen Gesetze guten Designs". Wenn Sie sich dafür interessieren, kann ich Ihnen dieses Buch wärmstens ans Herz legen. Sie finden den Link zum Buch im Bonuspaket unter www.pbom.de/bonus.

Das Corporate Design gilt überall

Achten Sie bei allem, was Sie tun, auf die Einhaltung Ihres Corporate Designs. Das gilt zum Beispiel auch für die Inneneinrichtung Ihrer Geschäftsräume. Wenn Ihr Markenhandbuch als Farben rot und blau vorschreibt, dann verwenden Sie diese Farben auch bei der Auswahl der Möbel und sonstiger Inneneinrichtung. So entsteht ein einheitliches Erscheinungsbild, das Ihre Kunden vielleicht nicht immer bewusst wahrnehmen, aber unterschwellig. Oder anders herum: Wenn Sie es nicht tun, wird ihnen auffallen, dass irgendetwas eben nicht rund ist. Achten Sie einmal darauf, wie große Gastronomie- oder Einzelhandelsketten es machen: Starbucks, McDonalds, Kaufhof – sie alle haben ein einheitliches Erscheinungsbild, das sich bis hin zur Einrichtung und Architektur erstreckt.

Das Wichtigste aus diesem Kapitel

- Unter Corporate Design (CD) versteht man allgemeine Gestaltungsgrundsätze, nach denen Ihr Unternehmen nach außen auftritt.
- Der wesentliche Teil des CD sind Logo, Schriften und Farben.
- Erstellen Sie einen kleinen „CD-Guide" bzw. ein „Markenhandbuch".
- Sie können diese Dinge auch selbst erstellen. Überschätzen Sie Ihre Fähigkeiten aber nicht und seien Sie nicht zu kreativ.
- Werkzeuge dafür sind Designwettbewerbe oder Designtools im Internet.

Aufgaben / nächste Schritte

- Recherchieren Sie Websites und Firmen, deren Erscheinungsbild Ihnen gefällt. Finden Sie heraus, was genau es ist, das Ihnen gefällt. Benutzen Sie diese Informationen, um sich zu orientieren und Ihren Dienstleistern zu zeigen, was Sie möchten.

Geschäftsausstattung

Geschäftsausstattung ist die allgemeine Bezeichnung für Visitenkarten, Briefpapier etc. Je nach Art Ihres Geschäfts brauchen Sie hier mehr oder weniger.

Visitenkarten sind meiner Meinung nach unerlässlich. Es gibt immer Situationen, in denen Sie neue Kontakt kennen lernen und erklären, was Sie tun. Das muss nicht nur auf einer Branchenmesse passieren. Es kann genau so gut sein, dass Sie auf einer Gartenparty bei

Freunden erzählen, was Sie machen, und Ihr Gesprächspartner möchte mehr wissen. Haben Sie immer Visitenkarten dabei!

Briefpapier, Rechnungsbögen, Faxvorlagen, eine E-Mail-Signatur, Briefumschläge: Welche dieser Materialien Sie brauchen, hängt stark von Ihrem Geschäft ab. Ich würde beispielsweise keine Rechnungsbögen drucken lassen, wenn ich fünf Mal im Monat eine Rechnung schreibe. Da reicht es, eine entsprechende Vorlage auf dem Computer zu haben, und die Rechnung komplett mit Logo und Anschrift von Ihrem Drucker drucken zu lassen. Wenn Sie diese überhaupt noch drucken müssen und nicht einfach per E-Mail verschicken können.

Sie können diese Materialien auch nach und nach ergänzen. Wenn Sie noch ganz am Anfang stehen und sparen müssen, legen Sie sich nur Visitenkarten zu. Später können Sie dann Ihr eigenes Briefpapier haben.

Das Wichtigste aus diesem Kapitel

- „Geschäftsausstattung" ist die allgemeine Bezeichnung für Visitenkarten, Briefpapier etc.
- Visitenkarten sind unerlässlich.

Fotos & Infografiken

Für Ihre Website, Ihre Social-Media-Aktivitäten, Plakate, Flyer und Ihre Pressearbeit brauchen Sie unbedingt gute visuelle Inhalte. Machen Sie Fotos Ihres Ladens, Ihrer Produkte und Ihrer Produktionsflächen. Wenn Sie einen Onlinehandel haben, sind hochwertige, realistische Produktfotos ein Muss. Wenn Ihr Geschäft eher immateriell ist, beispielsweise weil Sie beraten oder planen, können Sie stattdessen Infografiken erstellen lassen, die Ihre Arbeit illustrieren und Ihre Expertise zeigen.

Sparen Sie hier nicht am falschen Ende. Auch wenn Smartphones mittlerweile gute Kameras haben, lohnt sich ein professioneller Fotograf mit professioneller Ausrüstung. Das kostet einige hundert Euro, wird Ihnen aber jahrelang nutzen. Ein Bild sagt bekanntlich mehr als 1000 Worte. Mit guten Fotos erzeugen Sie einen tollen ersten Eindruck, der wirklich viel wert ist.

Das Wichtigste aus diesem Kapitel

- Für Ihre Website, Ihre Social-Media-Aktivitäten und Ihre Pressearbeit brauchen Sie unbedingt gute visuelle Inhalte.
- Sparen Sie hier nicht am falschen Ende.

Online-Marketing

Seit gut zehn Jahren betreue ich das Marketing kleiner Unternehmen mit dem Schwerpunkt Online-Marketing. Normalerweise kommen Kunden zu mir und sagen: „Wir brauchen eine Website." Die Website ist für viele das erste und oft das einzige Instrument, um im Internet präsent zu sein. Und auch, wenn es ohne Website kaum geht, stelle ich Ihnen in diesem Kapitel weitere Instrumente vor, mit denen Sie Ihr Unternehmen online nach vorne bringen.

Ziele Ihres Online-Marketings

Sie zeigen sich im Internet nicht einfach so, sondern als Mittel zum Zweck. Das heißt, das erste, worüber Sie sich Gedanken machen müssen, ist die Frage, was Sie im Internet erreichen wollen. Brauchen Sie neue Kontakte, die Sie per E-Mail oder telefonisch kontaktieren wollen? Verkaufen Sie direkt online Produkte? Gewinnen Sie online eher weniger Kunden und Sie brauchen vielleicht nur eine Art „digitale Visitenkarte"?

Es gibt noch viele weitere Ziele, die man online haben kann, aber Sie sehen schon, dass Ihre Aktivitäten ganz anders aussehen können, je nach Zweck Ihres Online-Marketings.

Traffic und Conversion

Ein Schlüsselbegriff im Online-Marketing ist „Traffic", der englische Begriff für „Verkehr". Mit Traffic ist klassischerweise gemeint, wie viele Menschen eine Website besuchen. Denn nur, wenn eine Website besucht wird, hat sie auch einen Nutzen. Ich will Traffic hier mehr als Oberbegriff für die Tatsache nutzen, dass Sie Menschen mit Ihrem Online-Marketing erreichen müssen, auf welchem Online-Kanal auch immer.

Nachdem Sie Traffic gewonnen haben, das heißt, Menschen besuchen Ihre Website oder auch Ihre anderen Kanäle, wie zum Beispiel Ihre Facebook-Seite, sollen diese Besucher auch noch etwas tun: Ihr Geschäft besuchen, Ihren Newsletter abonnieren, etwas auf Ihrer Website kaufen oder Ihre Dienstleistung buchen. Sie wollen also aus Besuchern Kunden machen. Diesen Vorgang nennt man „Conversion": Sie konvertieren die Besucher zu Kunden. Ganz praktisch heißt Conversion auch, dass die Besucher, die Sie auf Ihre Seite gelockt haben, dort finden müssen, was sie suchen, da sie sonst die gewünschte Handlung nicht ausführen werden. Traffic ist also nicht gleich Traffic. Je genauer der Traffic Ihren Zielgruppen entspricht, desto besser werden diese Besucher später zu Kunden.

Merken Sie sich diese beiden Begriffe und den Ablauf, den sie beschreiben: Traffic ist der Strom an Menschen, mit denen Sie in Kontakt kommen, Conversion die Umwandlung dieser Besucher in Kunden.

Das Wichtigste aus diesem Kapitel

- Sie zeigen sich im Internet nicht einfach so, sondern als Mittel zum Zweck.
- Traffic ist der Strom an Menschen, mit denen Sie in Kontakt kommen, Conversion die Umwandlung dieser Besucher in Kunden.

Aufgaben / nächste Schritte

- Legen Sie Ziele fest, was Sie im Internet erreichen möchten.

Website

Eine Website ist erst einmal jede Seite, die Sie im Internet besuchen können. Ob kleine Web-Visitenkarte, die außer ein paar Infos und Kontaktdaten nichts weiter enthält, bis hin zum Onlineshop mit 10.000 Produkten, alles lässt sich unter dem Begriff „Website" zusammenfassen. Und es hängt stark von Ihrem Geschäft und Ihren Zielgruppen ab, wie umfangreich Ihre Website ist und ob Sie überhaupt eine brauchen.

In den meisten Fällen werden Sie auf Ihrer Website Ihre Dienstleistung darstellen wollen oder auch einfach nur eine Art „digitale Visitenkarte" anbieten. Das ist jedenfalls die Zielsetzung, mit der die meisten meiner Kunden auf mich zukommen. Meist haben diese also schon eine Lösung im Kopf. Ich empfehle dann erst einmal, festzulegen, wozu die Website in Bezug auf gewünschte Handlungen der Kunden dienen soll. Und diese gewünschte Handlung sollte konkreter sein als: „Der Kunde informiert sich".

Gewünschte Handlungen können zum Beispiel sein:

- Der Besucher nimmt Kontakt mit Ihnen auf, ruft Sie also an oder schreibt eine E-Mail.
- Der Kunde besucht Ihr Geschäft.
- Der Besucher abonniert Ihren Newsletter.
- Der Kunde lädt sich ein Dokument herunter, beispielsweise eine Broschüre.
- Der Besucher bucht auf der Website einen Termin.
- Der Besucher kauft auf Ihrer Website ein, sei es ein physisches Produkt oder eine Dienstleistung.

Sortieren Sie Ihre Liste dann nach Priorität. Möglichst sollten keine Ziele gleichwertig sein. Bemühen Sie sich, sich zu entscheiden, was am wichtigsten ist.

Danach gestalten Sie die Website entsprechend Ihrer priorisierten Ziele. Beispielsweise habe ich meinen Blog über Billard, www.playing-pool.com, stark darauf ausgerichtet, neue Newsletter-Abonnenten zu gewinnen. Das können Sie am Design der Seite erkennen, auf der die Anmeldemöglichkeiten zum Newsletter stark dominieren – und andere Elemente in den Hintergrund treten, beispielsweise die Möglichkeit, mir auf Facebook zu folgen.

Hier noch einige Regeln zur Gestaltung Ihrer Website:

- Betrachten Sie Ihre Website als etwas Dynamisches. Auch wenn es nur eine kleine Website ist, ist diese niemals fertig.

Schauen Sie regelmäßig auf Ihre Website und überlegen Sie, was Sie verbessern, ändern oder ergänzen könnten. Und rechnen Sie damit, dass Sie die Website alle paar Jahre grundlegend überarbeiten werden. Sowohl die Technologie und Standards bei Websites werden sich ändern als auch Ihr Geschäft. Beides führt dazu, dass die Website veraltet.

- Behalten Sie immer Ihre Ziele im Blick und rennen Sie nicht allen Funktionen hinterher, die Sie noch einbinden könnten. Beachten Sie, dass ein Besucher im Durchschnitt nur vielleicht 2-3 Minuten auf Ihrer Website sein wird. Was ist die eine Handlung, die er in dieser Zeit vollziehen soll? Darauf sollte Ihr Fokus liegen und alle anderen Elemente müssen dahinter zurücktreten. Wenn Sie mehrere Ziele verfolgen, erstellen Sie eben mehrere Websites oder so genannte „Landing Pages", also Unterseiten Ihrer Website, auf die Sie den Traffic direkt lenken.

- Langweilig ist besser. Versuchen Sie, beim Design Ihrer Website nicht zu kreativ zu sein. Das Hauptaugenmerk liegt wie gesagt darauf, dass die Besucher eine bestimmte Handlung vollziehen. Wenn die Besucher erst einmal herausfinden müssen, wie Ihre Website zu bedienen ist, geht wertvolle Zeit und Aufmerksamkeit verloren – und der Besucher vielleicht gleich mit. Zum Beispiel erwarten wir als Besucher, dass oben oder an der linken Seite die Navigation steht. Wir erwarten außerdem, dass ein Klick aufs Logo uns auf die Startseite führt. Bedienen Sie diese Erwartungen, anstatt sie zu enttäuschen, und lenken Sie Ihre Kreativität lieber auf die Erstellung guter Inhalte.

Ihre Website optimieren

Es gibt etliche, meist kostenfreie Tools, die Ihre Website prüfen und Ihnen Verbesserungsvorschläge geben. Analysiere Sie Ihre Website mit diesen Tools und setzen Sie die Verbesserungsvorschläge um. Ihre Besucher werden es Ihnen danken und Ihre Website wird erfolgreicher sein. Links zu den Tools finden Sie im Bonuspaket unter www.pbom.de/bonus.

Content Management Systeme (CMS)

CMS sind Systeme, mit denen Sie das Aussehen und die Inhalte von Websites verwalten können. Mit einem CMS können Sie ganz einfach neue Seiten und Blogbeiträge auf Ihrer Website anlegen, ohne dafür jedes Mal einen Technik-Experten bemühen zu müssen (den brauchen Sie allerdings für die erste Einrichtung des CMS). Das Design ist wie eine Vorlage im System hinterlegt, so dass das CMS immer weiß, wo und wie es Überschriften platzieren soll, welche Schrift verwendet wird und wo das Logo und die Navigation stehen.

Mittlerweile laufen so gut wie alle Websites über ein CMS. Das meistgenutzte CMS heißt Wordpress (ca. 25% aller Websites weltweit basieren darauf), und ich empfehle Ihnen, Wordpress auch für Ihre Website zu nutzen. Wordpress hat aus meiner Sicht die folgenden Vorteile:

- Es ist kostenfrei, da Open Source.
- Es gibt sehr viele Experten und Dienstleister für Wordpress. Wenn Sie jemanden brauchen, der Ihre Wordpress-Installation betreut, werden Sie leicht jemanden finden.
- Es gibt tausende von Erweiterungen („Plugins") und fertigen Designs („Themes"), die Sie nutzen können, um die Funktio-

nen Ihrer Wordpress-Website zu erweitern. Für jede Funktion, die Sie sich vorstellen können, sei es ein Termin-Buchungssystem, Social-Media-Buttons oder die Einbindung Ihres Instagram-Feeds, hat schon jemand ein Plugin programmiert.

- Wordpress ist relativ leicht zu bedienen.

Beachten Sie, dass es zwei Möglichkeiten gibt, Wordpress zu nutzen:

1. *wordpress.com*: Hier können Sie sich einfach registrieren und erhalten automatisch in wenigen Minuten eine fertige Wordpress-Installation. Wenn Sie kein Budget für einen Wordpress-Experten haben, können Sie hier als Techniklaie in wenigen Stunden eine ordentliche Website erstellen. Der Nachteil ist, dass Sie weniger flexibel sind und die Fülle an Plugins und Themes für Wordpress nicht voll ausschöpfen können. Wenn Sie diese Variante nutzen, buchen Sie unbedingt die Option, Ihre eigene Domain (Ihre Internet-Adresse, z.B: www.ihrgeschaeft.de) zu verwenden, anstatt einer so genannten Subdomain (ihrgeschaeft.wordpress.com).

2. *wordpress.org*: Das ist die Plattform, auf der Sie Wordpress herunterladen und auf einem eigenen Server installieren können. Das werden Sie ohne entsprechende Kenntnisse nicht allein machen können, aber Sie können einen Experten damit beauftragen. Danach haben Sie im Prinzip das Gleiche wie bei wordpress.com, allerdings ohne die genannten Einschränkungen. In aller Bescheidenheit: Ich kann das auch für Sie machen. Besuchen Sie www.patrick-baumann.de und nehmen Sie Kontakt mit mir auf.

Es gibt noch einige Alternativen zu Wordpress, die ich für ein kleines Business, das am Anfang steht, ebenfalls empfehlen kann. Das sind so genannte Baukasten-Systeme, mit denen Sie auch als Laie Ihre eigene Website erstellen können. Empfehlenswerte Anbieter nenne ich Ihnen im Bonuspaket unter www.pbom.de/bonus.

Das Wichtigste aus diesem Kapitel

- Es hängt stark von Ihrem Geschäft und Ihren Zielgruppen ab, wie umfangreich Ihre Website ist und ob Sie überhaupt eine brauchen.
- Betrachten Sie Ihre Website als etwas Dynamisches.
- Behalten Sie immer Ihre Ziele im Blick.
- Langweilig ist besser. Bedienen Sie Erwartungen, anstatt sie zu enttäuschen. Lenken Sie Ihre Kreativität auf die Erstellung guter Inhalte.
- Verwenden Sie ein Content-Management-System (CMS) für Ihre Website, z.B. Wordpress.

Aufgaben / nächste Schritte

- Machen Sie eine Liste mit Handlungen, die Ihre Besucher auf Ihrer Website vornehmen sollen (das wäre dann übrigens eine „Conversion").
- Danach gestalten Sie die Website entsprechend Ihrer priorisierten Ziele.
- Analysiere Sie Ihre Website mit den im Bonus-Paket genannten Analyse-Tools und setzen Sie die Verbesserungsvorschläge um.

Content-Marketing

Content-Marketing ist eine Disziplin des Online-Marketing, die sich ganz der Aufgabe widmet, mit guten Inhalten Besucher (Traffic) zu gewinnen. Content-Marketing hat an Bedeutung gewonnen, seit Google und andere Suchmaschinen immer besser darin geworden sind, gute, nützliche Inhalte vor schlechten, rein für Suchmaschinen optimierten Inhalten anzuzeigen. Ebenso sind die sozialen Netzwerke, allen voran Facebook, unglaublich bedeutend geworden. Und in diesen werden ja zu einem Großteil interessante Inhalte geteilt.

Der Vorteil guter Inhalte, ähnlich wie bei einem guten Produkt, ist, dass sich diese von allein weiterverbreiten. Gute Inhalte werden weiterempfohlen, geteilt, und wenn Sie Glück haben, verbreiten sie sich „viral", also wie ein Virus (aber im positiven Sinne), so dass Sie viel Aufmerksamkeit mit relativ wenig Aufwand gewinnen. Ich möchte Ihnen aber keine falschen Versprechungen machen: Virale Verbreitung ist nicht planbar und mittlerweile auch schwerer zu erreichen als erhofft. Es hat also keinen Zweck, einen tollen Blogbeitrag oder ein tolles Video zu machen und dann zu erwarten, dass es sich viral verbreitet. Steter Tropfen höhlt vielmehr den Stein. Wenn Sie regelmäßig interessante Inhalte produzieren, gewinnen Sie nach und nach ein Publikum, das ggf. Ihre Inhalte weiterempfiehlt, im besten Fall zu echten Fans oder sogar Botschaftern Ihrer Marke wird, und dem Sie dann auch Ihre Produkte und Dienstleistungen verkaufen können. Sie teilen Ihr Wissen oder interessante Informationen, gratis und völlig unverbindlich. Sie verschenken einen Teil Ihres Know-Hows. Als Gegenleistung bekommen Sie Aufmerksamkeit.

Aber von welcher Art von Inhalten sprechen wir hier überhaupt?

Blogs

Mit die gängigste und vom technischen Aufwand her einfachste Methode ist ein Blog. Ein Blog ist einfach ein Bereich auf Ihrer Website, in welchem Sie regelmäßig, beispielsweise einmal pro Woche, einen interessanten Text-Beitrag zu Ihrer Branche verfassen.

Sie müssen dazu keine große Schreibbegabung haben. Entscheidend ist Ihr Fachwissen. Wenn Sie in Sachen Stil, Rechtschreibung und Grammatik das Gefühl haben, sich auf dünnes Eis zu begeben, dann besorgen Sie sich Unterstützung. Sie könnten zum Beispiel einen Entwurf Ihres Beitrags ins Unreine schreiben und dann von einem Profi überarbeiten lassen. Blogbeiträge müssen auch nicht so lang und perfekt sein wie eine wissenschaftliche Arbeit oder ein Zeitungsartikel. Wichtig ist, dass Sie es machen. Natürlich ist es sinnvoll, wenn Ihr Blogbeitrag eine gewisse Qualität hat in Bezug auf Stil, Rechtschreibung etc. Ich will Ihnen nur die Angst nehmen, nicht zu bloggen, nur weil Sie denken, Sie könnten nicht schreiben.

Podcasts

Ein Podcast ist im Prinzip wie Ihre eigene Radiosendung. Doch anstatt dass die Sendung im Radio läuft, stellen Sie sie Ihren Hörern auf Ihrer Website und auf Plattformen wie Apple iTunes zum Download zur Verfügung. Der Name symbolisiert diese Kombination: das „Pod" kommt vom legendären mp3-Player von Apple, dem iPod. Und das „cast" vom englischen Wort für Rundfunk, „broadcast".

Ein Podcast ist nicht live, und Sie brauchen auch nicht der große DJ sein, der Wort- und Musik-Beiträge zusammenmischt. Die meisten Podcasts bestehen aus Interviews, in denen der Gastgeber des Podcasts interessante Leute zu seinem Thema befragt. Das lässt sich relativ leicht umsetzen. Viele Podcast-Interviews werden über Skype produziert, wo Interviewer und Gesprächspartner nicht mal mehr am gleichen Ort sind.

YouTube

YouTube ist die größte Plattform für Videos im Internet. War YouTube in seinen Anfangsjahren eine Art Spielplatz für verrückte und amateurhafte Videos, so ist sie heute für viele Menschen zu einem echten Ersatz fürs klassische Fernsehen geworden. Die Inhalte werden immer professioneller, manche YouTuber sind bekannter als Fernsehstars.

YouTube ist für viele auch eine Quelle, um Neues zu lernen. Und hier kommen Sie ins Spiel. YouTube eignet sich ganz hervorragend, um Ihren Kunden Dinge zu erklären. Sie betreiben ein Geschäft für Wolle? Machen Sie Videos, in denen Sie Ihren Kunden zeigen, wie bestimmte Strick-Techniken funktionieren. Sie verkaufen Gewürze? Machen Sie Videos, in denen Sie mit Ihren Gewürzen leckere Gerichte kochen. Sie verstehen, worauf ich hinaus will.

Eines ist mir wichtig: Gute Videos zu erstellen ist nicht einfach. Sie brauchen gutes Licht und Ton, Sie müssen sich vor der Kamera wohl fühlen, und danach fällt auch noch Arbeit an, das Rohmaterial zu einem ordentlichen Video zusammenzuschneiden. Versuchen Sie, es so gut wie möglich zu machen, und seien Sie sich der Arbeit bewusst, die darin steckt. Dann können Sie mit Videos richtig gute Aufmerksamkeit erzeugen. Videos erhalten am meisten Aufmerksamkeit im Vergleich zu Texten und Bildern.

Videos auf YouTube zu veröffentlichen oder Podcasts zu produzieren, macht deutlich mehr Aufwand als einen Blog zu schreiben.

Seien Sie sich dessen bewusst und machen Sie es nur, wenn Sie auch Lust darauf haben. Sonst kann es schnell zur Qual werden bzw. werden Sie es einfach einschlafen lassen.

Eine andere Option ist, einen bestehenden Podcast oder You-Tube-Kanal, der sich an Ihre Zielgruppe richtet, zu sponsern. Viele betreiben ihren Podcast oder YouTube-Kanal nur nebenbei und freuen sich, wenn sie etwas damit verdienen. Sie können also eventuell mit wenig Budget eine gute Reichweite erzielen.

Themenfindung für Content-Marketing

Sie wissen nicht, worüber Sie schreiben oder sprechen sollen? Doch, wissen Sie! Ihre Kunden haben in Bezug auf Ihr Thema haufenweise Probleme. Sonst gäbe es Ihr Unternehmen nicht. Sie erinnern sich? Ein gutes Geschäft löst die Probleme seiner Kunden. Also, sprechen Sie über die Probleme Ihrer Kunden.

Es spielt dabei übrigens keine Rolle, ob es die Inhalte, die Ihnen vorschweben, schon gibt. Es gibt im Internet alles irgendwie schon einmal. Machen Sie es einfach besser oder fügen Sie Ihre persönliche Note hinzu. Wer hätte zum Beispiel gedacht, dass eine Website mit Kochrezepten damit erfolgreich wird, indem die Rezepte geschrieben sind wie von einem Gangster aus dem amerikanischen Ghetto? Gibt es aber: www.thugkitchen.com.

Das Wichtigste aus diesem Kapitel

- Content Marketing heißt, mit guten Inhalten Besucher (Traffic) zu gewinnen.
- Der Vorteil guter Inhalte, ähnlich wie bei einem guten Produkt, ist, dass sich diese von allein weiterverbreiten. Das ist

nicht planbar und mittlerweile auch schwerer zu erreichen als erhofft.

- Denken Sie langfristig: Steter Tropfen höhlt den Stein.
- Mit die gängigste und einfachste Methode ist ein Blog. Sie müssen dazu keine große Schreibbegabung haben. Entscheidend ist Ihr Fachwissen. Sprechen Sie über die Probleme Ihrer Kunden.
- Es spielt keine Rolle, ob es die Inhalte, die Ihnen vorschweben, schon einmal gibt.
- Ein Podcast ist im Prinzip wie Ihre eigene Radiosendung.
- YouTube eignet sich ganz hervorragend, um Ihren Kunden Dinge zu erklären.
- Gute Videos zu erstellen ist nicht einfach.
- Eine andere Option ist, einen bestehenden Podcast oder YouTube-Kanal, der sich an Ihre Zielgruppe richtet, zu sponsern.

Aufgaben / nächste Schritte

- Machen Sie eine Liste aller Fragen, die Ihnen schon einmal von Kunden gestellt wurden. Jede Frage kann Grundlage eines eigenen Blogbeitrags sein.
- Im Bonus-Paket zum Buch finden Sie einen Fragenkatalog. Beantworten Sie diese Fragen. Die Antworten darauf können ebenfalls Grundlage für Blogbeiträge, Podcasts oder Videos sein. Hier noch einmal der Link: www.pbom.de/bonus.

Suchmaschinenoptimierung

Suchmaschinenoptimierung (SEO, von englisch: Search Engine Optimization) bedeutet, seine Website so zu optimieren, dass sie im natürlichen Suchergebnis von Google und anderen Suchmaschinen zu relevanten Suchbegriffen möglichst weit oben angezeigt wird. „Natürliches" Suchergebnis heißt dabei, dass es hier nicht um bezahlte Werbeplätze geht, sondern um die Ergebnisse, die Google etc. aufgrund der Relevanz für den Besucher anzeigen. Übrigens, weil es oft anders vermutet wird: Auch wenn Sie auf Google Werbung schalten („Adwords"), hat das keinen Einfluss auf Ihr Ranking im natürlichen Suchergebnis.

Eine Suchergebnisseite bei Google. Die obere Umrandung markiert bezahlte Anzeigen, unten umrandet ist das natürliche Suchergebnis.

Eine ganz wichtige Vorbemerkung: Suchmaschinen versuchen, den Nutzern das beste Suchergebnis zu einem bestimmten Suchbegriff anzuzeigen. Und obwohl es etliche Tricks und Tipps gibt, wie Sie das beeinflussen können, ist die beste Strategie, die auch langfristig funktioniert, eben genau das zu bieten: das beste Ergebnis, das der Nutzer auf Google zu Ihrem Thema finden kann. Behalten Sie immer im Blick, dass Sie letztendlich für Menschen schreiben und nicht für Suchmaschinen.

SEO ist ein große Disziplin im Online-Marketing. Sie füllt allein ganze Bücher und beschäftigt spezialisierte Agenturen. Deshalb will ich Ihnen hier nur einen Überblick geben, wie Sie als kleines Unternehmen auch SEO betreiben können. Das Thema ist einfach zu komplex, und es ist aus meiner Sicht für Sie am wichtigsten, das Thema grundsätzlich zu verstehen, anstatt selbst zum SEO-Experte zu werden. Wenn Sie dieses Thema allerdings brennend interessiert, können Sie sich natürlich dafür entscheiden, tiefer in das Thema einzusteigen.

Suchmaschinenoptimierung teilt sich auf in zwei große Bereiche: „onsite" und „offsite".

Onsite-SEO

Onsite-SEO bezeichnet alle Maßnahmen, die Sie direkt an Ihrer Website vornehmen, um diese suchmaschinenfreundlicher zu machen. Dies bedeutet zum Beispiel, zu bestimmten relevanten Suchbegriffen oder Themen („Keywords") eigene Seiten anzulegen und auf diesen Seiten die Inhalte, Überschriften und bestimmte versteckte Parameter (zum Beispiel das „Title"-Tag) mit den entsprechenden Keywords zu bestücken. Somit kann die Suchmaschine erkennen, worum es auf Ihrer Seite geht, und diese zu den entsprechenden Suchbegriffen auf den Ergebnisseiten anzeigen.

Weiterhin bedeutet Onsite-Optimierung, Ihre Website für mobile Geräte wie Smartphones und Tablets zu optimieren (Stichwort: „responsive Websites") als auch dafür zu sorgen, dass Ihre Website schnell geladen wird. Diese Aspekte haben ebenfalls Einfluss darauf, wie Suchmaschinen Ihre Website bewerten.

Die Onsite-Optimierung haben Sie also voll unter Kontrolle, da Sie alle Maßnahmen direkt auf Ihrer Website umsetzen können. Z.B. verfügt das oben erwähnte System Wordpress zum Erstellen von Blogs und Websites über Erweiterungen, mit denen Sie Ihre Website für Suchmaschinen optimieren können.

Offsite-SEO

Die Offsite-Optimierung beschäftigt sich mit dem anderen großen SEO-Bereich, nämlich allen Maßnahmen außerhalb ihrer Website, die Ihre Website bei Google & Co. pushen können.

Hauptsächlich ist damit gemeint, auf anderen Websites Links zu Ihrer Website zu generieren. Das nennt man dann „Linkbuilding". Als Google vor rund 15 Jahren den Suchmaschinen-Markt von hinten aufrollte, geschah das hauptsächlich, weil der Google-Algorithmus so schlau war, die Relevanz von Websites zu einem bestimmten Thema daran zu bemessen, wie viele andere Websites des gleichen Themenbereichs auf die erste Website verlinken. An diesem Grundsatz hat sich bis heute nicht viel geändert, auch wenn mittlerweile hunderte Faktoren in den Algorithmus einfließen. Anders als beim Onsite-SEO haben Sie hier nicht die volle Kontrolle über die Maßnahmen. Doch auch in diesem Bereich können Sie mit kleinem Budget Erfolge erzielen. Offsite-SEO ist vor allem eine Fleißarbeit.

Tool statt Agentur

Leider sind SEO-Agenturen ziemlich teuer. Damit will ich nicht sagen, dass sie ihr Geld nicht wert sind, aber für kleine Unternehmen ist ein

Budget ab 500,- Euro pro Monat meist zu viel, um es in ein solch spezialisiertes Feld wie SEO zu stecken.

Beim Bata Bar & Billiards haben wir mit einem Onlinetool gute Erfahrungen gemacht, was Ihnen sozusagen dabei hilft, Ihr SEO selbst zu machen. Es heißt rankingcoach.de und kostet 25,- Euro im Monat. Das Tool ist eine Mischung aus Analysetool, das sich Ihre Website und deren Verlinkung „offsite" ganz genau anschaut, und einer Art Berater, der Ihnen sagt, was Sie als nächstes tun müssen. Ob Sie das dann selbst tun oder beispielsweise einen Assistenten daran setzen, bleibt Ihnen überlassen.

Das Wichtigste aus diesem Kapitel

- Suchmaschinenoptimierung (SEO) bedeutet, seine Website so zu optimieren, dass sie im natürlichen Suchergebnis von Suchmaschinen zu für Sie relevanten Suchbegriffen oben angezeigt wird.
- Behalten Sie immer im Blick, dass Sie letztendlich für Menschen schreiben und nicht für Suchmaschinen.
- Onsite-SEO bezeichnet alle SEO-Maßnahmen, die Sie direkt an Ihrer Website vornehmen.
- Offsite-SEO bezeichnet alle SEO-Maßnahmen, die Sie außerhalb Ihrer Website vornehmen.
- Leider sind SEO-Agenturen ziemlich teuer, do-it-yourself ist daher eine echte Option.

Newsletter

„The money is in the list", sagen Internet-Marketer in aller Welt: „Das Geld liegt in der Liste." Die Liste, von der hier gesprochen wird, ist die

Liste an E-Mail-Adressen, die Sie gesammelt haben und an die Sie regelmäßig Newsletter verschicken.

Es ist verblüffend, dass in Zeiten von Facebook, Twitter und anderen sozialen Netzwerken, die das digitale Leben vieler Menschen bestimmen, die E-Mail immer noch das wichtigste Medium im Online-Marketing sein soll. Doch vieles spricht für die E-Mail:

- Eine E-Mail hat eine stärkere Bedeutung für den Empfänger als eine Nachricht über Facebook, Whatsapp o.ä. Sie ist dem Brief näher als einer SMS. Und natürlich deutlich stärker als eine Meldung auf Facebook oder Twitter, die gänzlich unpersönlich ist.

- Eine E-Mail kann individuell auf den Empfänger abgestimmt werden. Nicht nur mit der persönlichen Anrede, sondern auch, indem bestimmte E-Mails nur an einen Teil der Liste geschickt werden, auf deren Empfänger bestimmte Eigenschaften zutreffen.

- Sie haben die Kontrolle, was mit Ihrer E-Mail-Liste passiert. Wenn Facebook von heute auf morgen entscheidet, die Meldungen Ihrer Facebook-Seite nur noch weniger Besuchern anzuzeigen, schauen Sie in die Röhre. Auf Ihre E-Mail-Liste haben Sie hingegen immer vollen Zugriff.

Achtung: Bevor Sie jetzt loslegen und an alle Menschen, mit denen Sie jemals in Kontakt waren, E-Mails verschicken: Es gibt strenge Regeln, was im E-Mail-Marketing erlaubt ist. Der Empfänger muss explizit zugestimmt haben, Ihren Newsletter zu erhalten. Im Internet geschieht das mit dem so genannten „Double-Opt-In". Sie kennen die Funktion vielleicht: Sie tragen Ihre E-Mail-Adresse auf einer Website ein, um einen Newsletter zu abonnieren. Da das ja auch jemand anders für Sie getan haben könnte, ohne dass Sie es möchten, erhalten Sie dann eine E-Mail, in der Sie gebeten werden, auf einen bestimmten Link zu klicken. Erst wenn Sie das getan haben, werden Sie in den Newsletter-Verteiler eingetragen. Das ist unter anderem auch ein wichtiger Grund, weshalb Sie ein spezielles Newsletter-Tool benutzen sollten und nicht einfach Ihr E-Mail-Programm. Dazu kommt, dass Sie in jede E-Mail, die Sie an Ihren Verteiler schicken, einen Link aufnehmen müssen, mit dem der Empfänger sich kostenlos aus dem Verteiler entfernen kann.

Wie bauen Sie eine E-Mail-Liste auf?

Technisch funktioniert es so, dass der Benutzer seine E-Mail-Adresse in ein Formular einträgt. Sie kennen sicher Anmeldeformulare auf Websites, die Sie einladen, einen Newsletter zu bestellen.

Ein Formular kann sich aber auch woanders als auf Ihrer Website befinden. Beispielsweise können Sie auf Facebook dazu auffordern, Ihren Newsletter zu abonnieren, und die Leute dann auf ein Formular weiterleiten, welches direkt von Ihrer Newsletter-Software (dazu kommen wir gleich) im Internet bereitgestellt wird. Sie brauchen also theoretisch keine eigene Website, um E-Mail-Adressen zu sammeln.

Ihr Newsletter ist weniger interessant, als Sie denken

Ich will Ihnen nicht ausreden, einen Newsletter anzubieten. Sie sollten sich aber darüber klar sein, dass die wenigsten Besucher einen Newsletter abonnieren, nur, „um auf dem Laufenden zu bleiben". Dazu haben die meisten Menschen schon genug um die Ohren. (Natürlich gibt es Leute, die genau dafür den Newsletter abonnieren würden. Das sind Ihre größten Fans.)

Sie können weitaus mehr Besucher auf Ihre Liste bekommen, wenn Sie zusätzlich noch ein kleines Geschenk anbieten. Das muss nichts Großes sein:

- In meiner Billardbar Bata Bar & Billiards in Berlin bieten wir 5,- Euro Rabatt auf die Billardtisch-Miete an.
- Auf meinem Billardblog www.playing-pool.com gibt es einen kostenlosen Download mit Billard-Übungen.

Downloads funktionieren besonders gut. Nutzen Sie Ihr Fachwissen und schreiben Sie ein kleines Dokument (1-2 Seiten reichen) mit Tipps zu Ihrem Thema. Und das bieten Sie dann als Dankeschön für die Anmeldung zum Newsletter an. Noch besser, lassen Sie das Wort „Newsletter" ganz weg und schreiben stattdessen: „Besorgen Sie sich gleich mein kostenloses Info-Blatt zum Thema xxx." Und im Kleingedruckten weisen Sie dann darauf hin, dass der Besucher auch ab und zu tolle Infos zu Ihrem Geschäft erhält.

Das Newsletter-Formular auf www.playing-pool.com

Wenn Sie Sorgen haben, dass sich die Leute damit hinters Licht geführt fühlen: Mittlerweile kennen die meisten Menschen diesen Ablauf und wissen, dass man sich einfach wieder vom Newsletter abmelden kann. Aber Sie werden erstaunt sein, wie wenige Menschen das tun und wie schnell Ihre Liste wächst, wenn Sie es richtig anstellen.

Wenn Sie sich übrigens fragen, warum Sie noch Geschenke verteilen sollen, wo doch der Newsletter selbst schon ein tolles Geschenk ist: Denken Sie an meine Einleitung. Niemand interessiert sich für Ihre Geschäft so wie Sie selbst, und Aufmerksamkeit ist unser höchstes Gut. Seien Sie dankbar für jeden Newsletter-Abonnenten, für jeden, der Ihnen eine E-Mail schreibt und der Ihr Geschäft betritt. Er hat Ihnen seine knappe Aufmerksamkeit geschenkt, und das ist allein schon viel wert.

Sie können auch außerhalb des Internets, also „offline", E-Mail-Adressen sammeln, beispielsweise auf Veranstaltungen, die Sie organisieren. Wenn Sie beispielsweise in Ihrem Geschäft einen Tag der offenen Tür veranstalten, legen Sie eine Liste aus, in der sich die Gäste eintragen können, wenn sie Ihren Newsletter erhalten möchten. Wichtig ist auch hier, dass die Leute eindeutig erklären, dass sie den Newsletter erhalten wollen. Das heißt, neben der E-Mail-Adresse und dem Namen sollten Sie sich per Unterschrift bestätigen lassen, dass der Gast den Newsletter wirklich möchte. Zudem müssen Sie mit Ihrem Newsletter-Tool auch an diese Adressen noch eine Bestätigungsemail für das „Double-Opt-in„ schicken, bevor Sie die E-Mail-Adressen verwenden dürfen. Das können nicht alle Newsletter-Tools.

Was enthält Ihr Newsletter und wie oft verschicken Sie ihn?

Ihr Newsletter sollte Ihren Lesern nutzen. Versenden Sie nützliche Informationen über Ihre Branche, interessante Links, die Sie im Internet gefunden haben, alles, was für Ihre Zielgruppe interessant sein könnte. Stellen Sie sich vor, was ein guter Freund Ihren Kunden erzählen würde.

Und erst, wenn Sie solche Inhalte in Ihrem Newsletter haben, sollten Sie werben. Natürlich dient der Newsletter letztendlich dazu, bei Ihren Kunden besser dazustehen. Darüber macht sich niemand Illusionen. Doch jede Woche nur „unschlagbare" Angebote zu erhalten, ist langweilig und mehr Menschen melden sich ab.

Neben reinen Angeboten können Sie den Newsletter auch nutzen, um Neuigkeiten aus Ihrem Geschäft zu berichten. Haben Sie renoviert und es sieht jetzt noch schöner bei Ihnen aus? Haben Sie ein neues Kassensystem, mit dem alles viel schneller geht? Lassen Sie die Leute ein bisschen hinter die Kulissen schauen und geben Sie ihnen damit das Gefühl, Ihr Unternehmen besser zu kennen als ein normales Geschäft.

Die Häufigkeit des Newsletter hängt sehr davon ab, wie Ihre Branche funktioniert und wie oft Sie Neuigkeiten zu berichten haben. Vermutlich haben Sie auch gar nicht so viel Zeit; wenn Sie es schaffen, alle 1-2 Wochen einen Newsletter zu verschicken, dann ist das schon echt gut. Viel seltener sollte es aber nicht sein. Wenn Sie nur 2-3 Mal pro Jahr einen Newsletter verschicken, wissen manche Leute vielleicht gar nicht mehr, wer Sie sind und wie sie auf den Verteiler gekommen sind.

Newsletter-Software

Zum Sammeln von E-Mail-Adressen und zum Verschicken der Newsletter gibt es spezialisierte Software. Nutzen Sie auf gar keinen Fall Ihr E-Mail-Programm! Newsletter-Software hat folgende Vorteile:

- Es gibt fertige Anmelde-Formulare, die Sie auf Ihrer Website einbauen können.

- Der Double-Opt-In-Prozess (s.o.) ist integriert, sodass Sie sich an die Spam-Regeln halten.

- Empfänger können sich per Klick abmelden, und Sie müssen das nicht per Hand machen. Gleichzeitig wird sichergestellt, dass Sie diesen Kunden nicht versehentlich wieder anschreiben.

- Ihre E-Mails landen seltener im Spam-Filter Ihrer Empfänger, da die großen Newsletter-Anbieter mit den E-Mail-Providern wie GMX, Gmail etc. zusammenarbeiten.

- Die Newsletter-Tools bieten Vorlagen und einfach zu bedienende Editoren, mit denen Sie schöne E-Mails erstellen können.

- Sie können damit nicht nur „von Hand" Newsletter verschicken, sondern auch automatisierte E-Mails einrichten, zum Beispiel einen E-Mail-Kurs, in dem der Empfänger nach der Anmeldung jede Woche eine neue E-Mail erhält, die Sie vorher verfasst haben.

Newsletter-Software ist heutzutage keine Software mehr, die man bei sich auf dem Computer installiert. Vielmehr laufen diese Programme in der „Cloud", das heißt, Sie bedienen diese Tools über Ihren Browser.

Der am häufigsten genutzte Service heißt „Mailchimp", der bis zu 2000 Empfängern sogar kostenlos ist. Die Software ist sehr leicht zu bedienen. Mailchimp ist ein US-amerikanischer Service. Eine Alternative aus Deutschland heißt „Cleverreach", die ich ebenfalls empfehlen kann, auch wenn die Bedienung nicht ganz so schön ist wie bei Mailchimp.

Newsletter-Software ist auf den ersten Blick allerdings nicht ganz trivial. Stellen Sie sich also darauf ein, dass Sie eine gewisse Lernkurve haben werden. Und wenn Sie gar keine Lust darauf haben, finden Sie einen Spezialisten, der das für Sie erledigt.

Das Wichtigste aus diesem Kapitel

- „The money is in the list.“
- Es gibt strenge Regeln, was im E-Mail-Marketing erlaubt ist.
- Sie sammeln E-Mail-Adressen, indem der Benutzer seine E-Mail-Adresse in ein Formular einträgt, meist auf Ihrer Website.
- Zum Sammeln von E-Mail-Adressen und zum Verschicken der Newsletter gibt es spezialisierte Software.
- Sie können weitaus mehr Besucher auf Ihre Liste bekommen, wenn Sie zusätzlich noch ein kleines Geschenk anbieten.
- Ihr Newsletter sollte Ihren Lesern Nutzen bringen.
- Lassen Sie die Leute ein bisschen hinter die Kulissen Ihres Unternehmens schauen.
- Faustregel: Verschicken Sie ca. alle 1-2 Wochen einen Newsletter.

Aufgaben / nächste Schritte

- Machen Sie ein Brainstorming für Geschenke, die Sie als „Köder“ für neue Abonnenten einsetzen können.
- Machen Sie ein Brainstorming für mögliche Inhalte Ihres Newsletters. Sammeln Sie regelmäßige Rubriken (z.B. Termine) und Einzelmeldungen.

Social Media

Das Internet hat unsere Geschäftswelt in den letzten 20 Jahren auf den Kopf gestellt. In der ersten Phase war es noch die allgemeine Verfügbarkeit von Informationen, die uns begeisterte und neue Geschäftsmodelle möglich machte. Anfang/Mitte der 2000er-Jahre entstanden dann die sozialen Netzwerke, allen voran Facebook. Es war eine weitere Revolution: Jetzt konnte jeder senden, eine Reichweite aufbauen, ohne technische Kenntnisse. Die Gespräche im Internet nahmen rasant zu. Über Ihre Produkte und Dienstleistungen wird heute gesprochen, ob Sie möchten oder nicht. Sie können sich nur entscheiden mitzureden.

Ich beschränke mich hier mit meinen Erklärungen auf drei soziale Netzwerke: Facebook, Twitter und Instagram. Im Grunde treffen diese Aussagen auf alle ähnlichen Netzwerke zu, von denen ja auch regelmäßig neue auftauchen. Erst werde ich Ihnen ein paar Regeln an die Hand geben, die meiner Meinung nach helfen, in den sozialen Netzwerken erfolgreich zu sein. Und dann erkläre ich für diejenigen unter Ihnen, die nicht so bewandert mit Social Media sind, was Facebook, Twitter und Instagram sind und wie und wann Sie sie nutzen sollten.

Geben, geben, geben

Sehen Sie die sozialen Netzwerke in erster Linie als Informationskanal und als einen Weg, eine Bindung zu Ihren potentiellen Kunden aufzubauen. Social Media ist kein so direkter Verkaufskanal wie beispielsweise Google, wo Sie wissen, dass jemand in Köln eine Blumenvase kaufen möchte, wenn er „blumenvase kaufen köln" eingibt. Auch bei Facebook können Sie Werbung schalten und verkaufen, aber das Interesse „Blumen" oder „Blumenvase", auf das Sie Ihre Werbung richten können, sagt Ihnen eben noch nicht, ob derjenige wirklich etwas kaufen möchte.

Soziale Netzwerke dienen den meisten Leuten zur Unterhaltung. Also: Unterhalten Sie sie! Teilen Sie Links, für die sich Ihre Zielgruppe interessieren könnte. Veröffentlichen Sie lustige Fotos aus Ihrem Geschäftsalltag, geben Sie Einblicke hinter die Kulissen, von Umbauarbeiten, Firmenfesten, Messebesuchen oder neuen Produkten. Ihre Beiträge, Fotos und Texte müssen nicht besonders geschniegelt aussehen; vor allem müssen sie authentisch sein.

Ebenso gut funktionieren Inhalte, die Ihrem Publikum nutzen. Geben Sie Tipps, die mit Ihrem Geschäft zu tun haben. Sie schneidern Herrenmode? Dann erklären Sie Krawattenknoten, Anzugschnitte und Stoffe.

Zwischendurch, und damit meine ich vielleicht in 10% Ihrer Beiträge, dürfen Sie auch werben und Ihre Produkte oder Dienstleistungen anpreisen. Aber versuchen Sie auch das auf eine unterhaltsame Weise zu machen und nicht einfach nur schnöde die unglaublichen Vorzüge und Preise Ihrer Produkte zu loben.

Eins nach dem anderen

Stürzen Sie sich nicht sofort auf alle sozialen Netzwerke, die es gibt. Sie können gerne anfangs auf mehreren Portalen ein Konto anlegen, um sich Ihren Lieblings-Nutzernamen zu sichern. Aber lassen Sie die meisten davon erst einmal ruhen und beginnen Sie, auf einem Netzwerk aktiv zu sein. Ich empfehle, mit Facebook anzufangen und Facebook richtig zu beherrschen. Machen Sie sich mit den Funktionen bekannt, bauen Sie eine Gefolgschaft auf, veröffentlichen Sie regelmäßig neue Inhalte. Erst wenn das ordentlich funktioniert, können Sie auf einem weiteren Netzwerk beginnen, aktiv zu werden.

Wenn Sie übrigens auf mehreren Netzwerken aktiv sind, helfen Ihnen eventuell Werkzeuge, mit denen man mehrere soziale Netzwerke gleichzeitig bedienen kann. Einige davon nenne ich Ihnen in der Liste im Bonus-Paket zum Buch (www.pbom.de/bonus).

Interaktion, Gespräche, Offenheit

Soziale Netzwerke sind keine klassischen Medien, in denen Sie über Werbeanzeigen o.ä. einfach nur Ihre Sicht der Dinge (=Werbung) herausposaunen. In den sozialen Netzwerken soll ein Dialog zwischen Ihnen und Ihren potentiellen Kunden herrschen. Und dieser ist nicht unbedingt leicht in die Gänge zu bekommen. Sie müssen die Aufmerksamkeit Ihrer Zielgruppe gewinnen und behalten, in einer Welt, in der diese permanent von neuen Impulsen abgelenkt wird. Und mit wem möchte man sich am wenigsten unterhalten? Genau, mit Angebern, die dauernd nur von sich sprechen. Also, seien Sie ein interessanter, nützlicher und interessierter Gesprächspartner und kein einfacher Werber.

Schnell sein

Ein letzter allgemeiner Tipp: Social Media erfordert Ihre permanente Präsenz. Wenn Benutzer heute, jetzt, auf Ihre Beiträge reagieren, dann müssen Sie auch heute darauf antworten und nicht in drei Tagen. Je schneller, desto besser. Im Idealfall kommen dann nämlich richtige Gespräche zustande, die Ihnen wieder Aufmerksamkeit bescheren, unser höchstes Gut.

Wie sehr Sie sich darauf einlassen, hängt von Ihrem Interesse und Ihren Kapazitäten ab. Sie müssen nicht abends um 23 Uhr noch die neuesten Nachrichten Ihrer Kunden beantworten – aber Sie können, wenn es Ihnen nichts ausmacht. Als Pflicht betrachte ich die tägliche Interaktion; idealerweise schauen Sie 2-3 Mal pro Tag in Ihren Account und beantworten Anfragen und Kommentare.

Das gilt übrigens auch für die Frequenz, mit der Sie Dinge veröffentlichen. Mindestens einmal am Tag sollten Sie aktiv werden und etwas veröffentlichen. Nur so gewinnen Sie die Aufmerksamkeit Ihrer Zielgruppe.

Facebook

Facebook ist das wichtigste soziale Netzwerk. Wenn Sie nur auf einem Netzwerk aktiv sind, sollte es Facebook sein. Facebook startete 2004 in den USA als eine Art digitales Jahrbuch für Studenten der Harvard-Universität. Die Mitglieder konnten Fotos und Informationen über Mitstudenten abrufen und sich mit ihnen virtuell „anfreunden". Das Netzwerk wuchs rasant über die Grenzen der Uni und der USA hinaus und ist heute das größte soziale Netzwerk der Welt mit rund 1,6 Milliarden Benutzern weltweit (Stand: Ende 2015).

Hauptelement von Facebook ist der Newsstream, auf dem angemeldete Nutzer neue Beiträge ihrer Facebook-Freunde und von Facebook-Seiten sehen, für die sie sich interessieren. Nutzer können diese Beiträge kommentieren, auf ihrem eigenen Profil teilen und per Klick auf den Link „Gefällt mir" den Beitrag „liken". All das sorgt für mehr Interaktion und somit Aufmerksamkeit.

Es gibt viel über Facebook zu sagen. Wenn Sie ganz unbedarft sind, empfehle ich Ihnen, sich über die Lektüre dieses Buches hinaus professionelle Hilfe zu holen bzw. sich selbst weiteres Wissen über Facebook anzueignen. Wichtig ist mir jetzt vor allem, dass Sie die verschiedenen Arten von Profilen kennen, die man auf Facebook anlegen kann. Viele kleine Unternehmen fangen einfach irgendwie an und haben dann später Schwierigkeiten, die für sie richtige Form zu finden.

Es gibt auf Facebook diese Arten von Profilen:

- *persönliches Profil*: Diese Art von Profil ist nur für Einzelpersonen gedacht und nicht für Firmen. Unabhängig davon, dass die Facebook-Richtlinien es untersagen, hat es auch einige Nachteile, ein persönliches Profil für Ihr Unternehmen zu nutzen.

- *Seite*: Eine Facebook-Seite oder „Fanpage" ist die Entsprechung des persönlichen Profils für Organisationen. Das ist die richtige Wahl für Unternehmen. Es gibt verschiedene Seitentypen, je nachdem, ob es um ein Produkt, ein Unternehmen, einen Verein oder ähnliches geht. Jedenfalls brauchen Sie als Unternehmen eine Facebook-Seite.

- *Gruppe*: Gruppen sind, wie der Name sagt, Gruppen, in denen sich Benutzer zu einem Thema austauschen können. Gruppen unterscheiden sich von Seiten, indem es mehr um eine gleichberechtigte Kommunikation zwischen den Mitgliedern geht. Es kann sinnvoll sein, zusätzlich zu einer Seite auch eine Gruppe zu betreiben, wenn Sie die Interaktion zwischen Ihren Kunden und Interessenten ankurbeln wollen. Aber bedenken Sie: Sie haben dann auch mehr Arbeit damit.

Wie weiter oben schon erwähnt, können Sie auf Facebook auch gegen Bezahlung werben. Auch wenn die Werbung und die soziale Aktivität auf Facebook eng miteinander verknüpft werden können, muss das nicht unbedingt der Fall sein. Daher beschreibe ich diesen Teil separat weiter unten.

Instagram

Instagram ist ein recht junger Dienst und hat erst in den letzten zwei bis drei Jahren Bedeutung für größere Massen bekommen – besonders für jüngere Leute (übrigens: Wenn Ihre Zielgruppe Jugendliche sind, sollten Sie sich auch „Snapchat" ansehen). Bei Instagram dreht sich alles um Fotos und mittlerweile auch kurze Videos. Die Benutzer können Fotos vom Smartphone veröffentlichen und diese auch mit weiteren Kommentaren versehen. Das Grundprinzip bei Instagram ist das gleiche wie bei den anderen Netzwerken: Die Benutzer haben ein Profil und „folgen" sich gegenseitig (das ist wie eine Art Abonnement). In einem Stream werden die Beiträge aus dem persönlichen Netzwerk angezeigt.

Instagram ergibt für Sie besonders Sinn, wenn Ihr Geschäft bzw. Ihre Produkte gut zu fotografieren sind bzw. gute Fotografie generell eine Rolle spielt (zum Beispiel Mode, Essen, Reisen, Sport). Dann können Sie mit Instagram eine schöne Reichweite erzielen. Beachten Sie auch, dass die Nutzer von Instagram eher jünger sind als von Facebook oder Twitter. Auch auf Instagram können Sie bezahlte Werbung schalten, und zwar über das Werbenetzwerk von Facebook (Instagram wurde 2012 von Facebook übernommen).

Twitter

Twitter startete in den USA 2006 als eine Art Kurznachrichten-Dienst, damals auch „Microblog" genannt. Die Benutzer können ein Profil anlegen, anderen Nutzern folgen und Nachrichten von max. 140 Zeichen Länge veröffentlichen. Diese Begrenzung kam davon, dass SMS damals nur max. 160 Zeichen zuließen und der Dienst über Mobiltelefone bedienbar sein sollte. Diese Begrenzung ist bis heute geblieben.

In Deutschland ist Twitter meiner Meinung nach weniger relevant als in den USA. Sie können ja einmal eine Umfrage machen, wie viele Ihrer Freunde und Bekannten auf Twitter aktiv ist und wie viele auf Facebook. Twitter erfreut sich großer Beliebtheit bei den klassischen Medien, oft werden dort die Meldungen („Tweets") von Politikern, Sportlern, Schauspielern etc. zitiert. In der täglichen Kommunikation mit Ihrer Zielgruppe dürfte Twitter weniger Bedeutung haben.

Wenn Sie viel mit Kunden im englischsprachigen Raum zu tun haben, dann kann es sinnvoll sein, über einen Twitter-Account nachzudenken. Auch auf Twitter können Sie bezahlte Werbung schalten.

Das Wichtigste aus diesem Kapitel

- Über Ihre Produkte und Dienstleistungen wird in den sozialen Netzwerken gesprochen, ob Sie möchten oder nicht.
- Sehen Sie die sozialen Netzwerke in erster Linie als Informationskanal und als einen Weg, eine Bindung zu Ihren potentiellen Kunden aufzubauen. In den sozialen Netzwerken soll ein Dialog zwischen Ihnen und Ihrem Publikum herrschen.
- Soziale Netzwerke dienen den meisten Leuten zur Unterhaltung. Auch gut funktionieren nützliche Inhalte.
- Stürzen Sie sich nicht sofort auf alle sozialen Netzwerke, die es gibt.
- Je schneller Sie auf Ihre Kontakte reagieren, desto besser.
- Facebook ist das wichtigste soziale Netzwerk. Wenn Sie nur auf einem Netzwerk aktiv sind, sollte das Facebook sein.
- Sie sollten die verschiedenen Arten von Profilen kennen, die man auf Facebook anlegen kann.

- Instagram ist besonders nützlich für die Ansprache jüngerer Leute und, wenn Ihre Produkte besonders visuell sind.
- In Deutschland ist Twitter meiner Meinung nach weniger relevant als in den USA.

Aufgaben / nächste Schritte

- Registrieren Sie eine Facebook-Seite (Fanpage), einen Instagram- und einen Twitter-Account für Ihr Unternehmen. Wählen Sie bei Instagram und Twitter möglichst den gleichen Benutzernamen.

Branchenverzeichnisse und -websites

Für viele Branchen gibt es spezifische Verzeichnisse im Internet, in die Sie Ihr Unternehmen eintragen können. Wenn Sie beispielsweise einen gastronomischen Betrieb führen, sollten Sie unbedingt auf Plattformen wie TripAdvisor oder Yelp präsent sein. Immer mehr Menschen nutzen diese Dienste, um in einer fremden Stadt Restaurants, Cafés, Bars und Hotels zu finden. Dort nicht präsent zu sein, heißt, nicht gefunden zu werden. Hotels und Pensionen sollten auf gängigen Buchungsplattformen wie booking.com oder AirBnb zu finden sein.

Aber auch für viele andere Branchen gibt es entsprechende Verzeichnisse, wie zum Beispiel für Übersetzer oder Tierärzte. Googeln Sie Begriffe wie „IHR ANGEBOT finden" oder „IHR ANGEBOT verzeichnis" (natürlich ersetzen Sie „IHR ANGEBOT" mit der Bezeichnung Ihres Angebots), um die entsprechenden Plattformen für Ihre Branche zu finden. Meist kann man sich dort kostenlos eintragen. Wenn Sie den Eindruck haben, dass ein Verzeichnis besonders wichtig für Ihre Branche ist, lohnt sich evtl. auch ein kostenpflichtiger Eintrag.

Ortsbasiertes Online-Marketing

Wenn Sie ein ortsbasiertes Geschäft haben, beispielsweise im Einzelhandel oder in der Gastronomie, dann ist ortsbasiertes Online-Marketing für Sie ein wichtiger Baustein Ihrer Online-Strategie. Es gibt etliche Dienste, allen voran Google Maps bzw. Google Business, die Ihre Kunden verwenden, um in der Nähe Geschäfte zu suchen. Im folgenden stelle ich Ihnen Google Business, Bing Maps, Foursquare, Yelp und TripAdvisor vor.

Es gibt auch Dienste, die Ihr Geschäft in vielen solcher ortsbasierten Verzeichnisse gleichzeitig eintragen. Der Vorteil ist, dass Sie Ihre Daten nur einmal eingeben müssen und auch nur an einer Stelle ändern müssen. Meist muss man diese Services für ein Jahr im voraus buchen. Nach meiner Erfahrung lohnen sich diese Dienste durchaus für ein Jahr, wenn Sie die Arbeit nicht selbst machen wollen. Einen dieser Dienste, den Anbieter „uberall", finden Sie in der Linkliste im Bonuspaket.

Google Business

Google Business sind quasi die Gelben Seiten von Google. Hier verwalten Sie Ihr Business-Profil, welches auf dem Kartendienst Google Maps angezeigt wird, aber auch in der Google-Suche, wenn jemand nach einem ortsbasierten Unternehmen sucht. Hier sollten Sie sich unbedingt eintragen, und auch so schnell wie möglich, da es einige Wochen dauert, sich per Postkarte verifizieren zu lassen und schließlich auf Google Maps angezeigt zu werden. Ihre Gäste können Sie auf Google auch bewerten, und Sie können auf Bewertungen reagieren. Der Eintrag bei Google Business ist kostenlos. Wenn Ihr Unternehmen auf Google Maps schon vorhanden ist, können Sie angeben, dass es Ihr Unternehmen ist und die Informationen anpassen. Klicken Sie dazu auf den Link „Als Inhaber eintragen" und folgen Sie den Anweisungen.

Bing Maps

Bing ist die Suchmaschine von Microsoft, die in Deutschland nicht so eine große Bedeutung hat, aber trotzdem nicht vernachlässigt werden sollte. Auch Bing hat einen Kartendienst und auch hier können Sie Ihr Unternehmen kostenlos eintragen. Gehen Sie dazu auf www.bingplaces.com und folgen Sie den Anweisungen.

Foursquare

Foursquare muss man den meisten Leuten ein bisschen genauer erklären. Foursquare ist erst einmal eine Website (und eine App für Smartphones), mit der man interessante Orte in der Umgebung finden kann. Die Einträge auf Foursquare kommen zustande, indem Benutzer mit der dazugehörigen App „Swarm" in Orte „einchecken". Das heißt, sie öffnen die App, finden den Ort und klicken auf „ich bin hier". So in etwa. Zusätzlich können sie noch einen Kommentar schreiben oder Fotos veröffentlichen. Es gibt tatsächlich viele Leute, die das machen, auch wenn es erst einmal komisch klingt und Sie sich vielleicht fragen: „Warum machen Menschen das?"

Auch auf Foursquare können Sie Ihr Geschäft eintragen, oder, wenn es schon vorhanden ist, angeben, dass es Ihr Unternehmen ist und die Informationen anpassen. Gehen Sie dazu auf de.business.foursquare.com und folgen Sie den Anweisungen.

Ein Eintrag auf Foursquare ist übrigens nicht nur wichtig, weil potentielle Kunden direkt auf Foursquare nach Orten suchen, sondern auch, weil viele andere Dienste die Daten von Foursquare nutzen, um ortsbasierte Informationen in deren Anwendung zu integrieren. Wenn Sie zum Beispiel auf Instagram ein Foto mit einem Ort markieren, dann kommen diese Ortsdaten von Foursquare.

Yelp

Ein weiteres wichtiges Verzeichnis für Geschäfte aller Art ist Yelp. Yelp ist ein US-amerikanisches Unternehmen, welches vor einigen Jahren seine deutsche Kopie, Qype, gekauft hat und seither auch als Yelp in Deutschland aktiv ist. Stellen Sie sich Yelp wie die Gelben Seiten vor: Ein umfassendes Verzeichnis von Geschäften, in dem die Besucher Bewertungen und Kommentare hinterlassen können. Nur dass Yelp bei jüngeren Zielgruppen bekannter ist und der Basis-Eintrag kostenfrei ist.

Besuchen Sie biz.yelp.de und suchen Sie Ihr Geschäft. Wenn es schon eingetragen ist, folgen Sie den Anweisungen, um den Eintrag als Inhaber zu beanspruchen und die Angaben anzupassen. Wenn Ihr Unternehmen noch nicht eingetragen ist, können Sie es neu eintragen.

TripAdvisor

TripAdvisor ist für alle Unternehmen wichtig, die in der Gastronomie und Hotellerie tätig sind. Auch TripAdvisor ist eine Plattform, auf der Geschäfte aufgelistet werden und die Benutzer Bewertungen und Kommentare hinterlassen können – aber mit der Konzentration auf Hotels, Restaurants und Bars. Wenn Sie zu einer dieser Gruppen gehören und vor allem, wenn Sie auch internationale Gäste begrüßen möchten, brauchen Sie unbedingt ein Profil auf TripAdvisor. Auch hier ist der Basis-Eintrag kostenlos.

Besuchen Sie tripadvisor.de und suchen Sie Ihr Geschäft. Wenn es schon eingetragen ist, klicken Sie auf der Seite des Eintrags den Link

„Gehört Ihnen dieses Unternehmen?" und folgen Sie den Anweisungen, um die Angaben anzupassen. Wenn Ihr Unternehmen noch nicht eingetragen ist, klicken Sie oben rechts auf „Bewertung" und dann auf den Link „Eintrag zu TripAdvisor hinzufügen".

Eintrag beanspruchen

Eintrag hinzufügen

Das Wichtigste aus diesem Kapitel

- Für viele Branchen gibt es eigene Verzeichnisse im Internet, in die Sie sich kostenlos eintragen können.

- TripAdvisor oder Yelp sind für gastronomische Betriebe unverzichtbar (Yelp enthält auch viele andere Branchen).

- Auch für viele andere Branchen gibt es entsprechende Verzeichnisse.

- Wenn Sie ein lokales Geschäft betreiben, ist ortsbasiertes Online-Marketing für Sie ein wichtiger Baustein Ihrer Online-Strategie.

- Es gibt auch Dienste, die Ihr Geschäft in mehreren solcher ortsbasierten Verzeichnisse gleichzeitig eintragen („uberall").

Aufgaben / nächste Schritte

- Suchen Sie Ihr Unternehmen auf den genannten Websites. Wenn es schon vorhanden ist, beanspruchen Sie es als Inhaber. Wenn nicht, fügen Sie es hinzu.

Pay-per-Click-Werbung (PPC)

Weiter oben bin ich schon darauf eingegangen, dass man im Online-Bereich wunderbar messen kann, wie sich eine Marketing-Maßnahme bewährt. Eines der wichtigsten Werkzeuge im Online-Marketing, auf das das zutrifft, ist so genannte Pay-Per-Click-Werbung (PPC). Die beiden meistgenutzten Anbieter sind Google Adwords und Facebook-Anzeigen. Microsofts Suchmaschine Bing und auch Amazon bieten ähnliche Programme.

PPC basiert immer auf dem gleichen Prinzip. Sie können Anzeigen und andere Werbemittel auf den Seiten von Google und Facebook buchen. Diese Anzeigen sind klickbar und leiten auf Ihre Website. Sie bezahlen erst, wenn ein Benutzer auf eine Anzeige geklickt hat, und zwar pro Klick. Somit bezahlen Sie erst, wenn Sie sicher sein können, dass der Nutzer ein gewisses Interesse an der Anzeige hat – sonst würde er ja nicht draufklicken. Der Preis des Klicks hängt im Wesentlichen davon ab, wie stark die Konkurrenz zu diesem Suchbegriff ist und wie viel Geld mit dem Thema verdient werden kann. So sind zum Beispiel Anzeigen für Krankenversicherungen oder Finanzanlagen teurer als für Tee-Zubehör. Bei beiden Anbietern ist der Preis nicht fest, sondern ein Gebot. Je mehr andere Werbetreibende mitbieten und je höher sie bieten, desto höher ist der Preis pro Klick. Zusammen mit anderen Faktoren wie der Relevanz Ihrer Anzeige zu einem Thema berechnet Google dann, an welcher Stelle gegenüber anderen Werbetreibenden Ihre Anzeige angezeigt wird. Also auch hier, nicht nur im normalen Suchergebnis (Stichwort SEO), geht es um die Qualität und Relevanz Ihrer Inhalte.

Sowohl bei Google als auch bei Facebook können Sie sehr gut messen, was Ihnen die Kampagne bringt. Wenn es technisch korrekt eingerichtet ist („Conversion Tracking"), können Sie bis auf einzelne Keywords und Anzeigen herunterbrechen, wie viel Sie der Spaß gekostet hat, und, wenn Sie Ihren gewünschten Aktionen, den Conversions, einen Geldwert beimessen können, können Sie sogar sehen, wie viel Umsatz Sie konkret gemacht haben. Dann erhalten Sie Informationen wie: Ich muss einen Euro in Adwords investieren, um sieben Euro Umsatz zu machen. Das ist doch mal Messbarkeit, oder? Wenn Sie keine Verkäufe messen, sondern, wie oft sich jemand zum Newsletter angemeldet hat, dann wissen Sie immerhin, wie viel Sie pro Newsletter-Abonnent bezahlt haben.

Leider ist das Einrichten und Optimieren von PPC-Anzeigen kein Kinderkram. Auch hier gibt es dutzende Bücher und spezialisierte Agenturen. Wenn Sie sich für das Thema wirklich interessieren, dann können Sie in einigen Monaten genug Wissen und Erfahrung sammeln, um Ihre PPC-Kampagnen selbst zu betreuen. Dafür müssen Sie allerdings jeden Tag Zeit investieren, die Ihnen an anderer Stelle fehlen könnte. Es reicht nicht, einmal für ein paar Stunden ein paar Anzeigen einzurichten und diese dann für immer laufen zu lassen. Sollten Sie diese Zeit also nicht bzw. nicht regelmäßig investieren wollen, suchen Sie sich bitte einen Experten, der das für Sie tut.

Das Wichtigste aus diesem Kapitel

- Eines der am besten messbaren Werkzeuge im Online-Marketing ist die so genannte Pay-Per-Click-Werbung (PPC).
- Sie bezahlen erst, wenn ein Benutzer auf eine Anzeige geklickt hat, und zwar pro Klick.
- Auch bei PPC geht es um die Qualität und Relevanz Ihrer Inhalte.
- Das Einrichten und Optimieren von PPC-Anzeigen ist kein Kinderkram.

Im Internet verkaufen

Ich sage es ganz ehrlich: Wenn Sie im Internet verkaufen möchten, dann brauchen Sie dazu mehr Informationen und Hintergrundwissen, als ich in diesem Buch liefern kann. Internethandel ist mittlerweile ein gigantisches Geschäft, und es wächst weiterhin. Ein paar wichtige Botschaften haben ich allerdings:

Sie können klein anfangen

Sie brauchen kein riesiges Kapital. Verstehen Sie mich nicht falsch, wenn Ihr Ziel ist, ein großes Sortiment mit eigener Lagerhaltung aufzubauen, dann brauchen Sie viel Geld. Aber Sie müssen so nicht anfangen.

Sie können auf Ihrer Website digitale Produkte verkaufen, zum Beispiel eBooks oder Onlinekurse. Sie können Produkte mittels so genanntem „Dropshipping" (deutsch: „Streckengeschäft") verkaufen, wo Sie die Produkte, die in Ihrem Shop angeboten werden, gar nicht selbst lagern, ja nicht einmal besitzen. Stattdessen kaufen Sie einen Artikel erst von Ihrem Großhändler ein, wenn der Artikel in Ihrem

Shop von einem Kunden bestellt wird. Der Großhändler schickt die Ware dann neutral verpackt direkt zum Kunden. Sie haben keinen Aufwand mit dem Versand und brauchen kein Kapital, da Sie die Ware ja erst bezahlen, wenn Ihr Kunde Sie bereits bezahlt hat.

Sie können auch klassisch mit eigenem Lager verkaufen, aber mit wenigen Produkten anfangen und Ihr Sortiment dann nach und nach aufbauen. Und wenn Ihr Geschäft sowieso ein lokaler Einzelhandel ist, haben Sie ja ein Sortiment vorrätig. Planen Sie dann in Ihrem Warenlager gleich einen Bereich ein, der als Packbereich dient, da es bei einem Einzelhandel mit angeschlossenem Onlinehandel Sinn macht, alles von einem Ort zu erledigen. Sonst wird es wieder kompliziert mit Warenbeständen in verschiedenen Lagern.

Die Technik ist nicht das Problem

Die entscheidende Hürde für Sie ist nicht, einen Onlineshop technisch auf die Beine zu stellen bzw. Ihre Website um einen entsprechenden Bereich zu erweitern. Es gibt mittlerweile sehr einfache Lösungen, die Ihnen den Einsteig in den Onlinehandel ermöglichen. Das reicht von Wordpress mit dem Shop-Plugin WooCommerce über fertige, einfach zu bedienende Shopsysteme wie Shopify hin zu Plattformen wie Amazon oder eBay, auf denen Sie ganz ohne eigene Website verkaufen können.

Die entscheidende Hürde ist stattdessen, genug Leute auf Ihre Seite zu leiten und diese dann dazu zu bekommen, bei Ihnen einzukaufen. Die so genannte „Konversionsrate" von Onlineshops, also der Anteil der Website-Besucher, die tatsächlich etwas bestellen, ist sehr variabel. Die meisten Leute machen sich falsche Vorstellungen davon, wie viele Besucher man braucht, um einen Verkauf zu erzeugen. Eine

Konversionsrate von 2-3% ist schon ziemlich gut. Das heißt, Sie brauchen 30-50 Besucher, um eine Bestellung zu bekommen. Die Steigerung der Konversionsrate ist natürlich ein wünschenswertes Ziel, da Sie dann mit dem gleichen Traffic mehr Bestellungen erhalten.

Das Wichtigste aus diesem Kapitel

- Sie brauchen kein riesiges Kapital, wenn Sie mit Dropshipping oder mit wenigen Produkten anfangen.
- Die Technik ist nicht das Problem. Die entscheidende Hürde ist stattdessen, genug Leute auf die Seite zu bekommen, die bei Ihnen einkaufen.
- Faustregel: Sie brauchen 30-50 Besucher, um eine Bestellung zu bekommen.

Der Umgang mit Ihren Kunden

Kundenservice

Guter Service für Ihre Kunden ist ein Thema, welches mir enorm am Herzen liegt. Ich rede hier nicht nur von Callcentern für Unternehmen, die regelmäßig Service am Telefon, per Mail oder auch persönlich leisten müssen, wie zum Beispiel meinen Onlineshop. Vor allem geht es mir hier um die Einstellung, mit der Sie Ihren Kunden begegnen.

Vor einigen Jahren lernte ich in einem Seminar, in dem es um die persönliche Einstellung zu Geld ging, dass es beim „Geld verdienen" erst einmal ums „dienen" geht. Dienen hat in unserer Gesellschaft nicht den besten Ruf. Es klingt nach Unterwerfung. Machen Sie sich davon frei, und entscheiden Sie sich freiwillig zu dienen. Sie müssen Ihren Kunden dienen, um zu verdienen. Ihre Kunden kommen zu Ihnen, weil sie ein Problem gelöst bekommen wollen. Und Sie dienen ihnen, indem Sie das Problem lösen.

Es geht mir nicht nur darum, dass Sie generell dienen, sondern dass Sie das Dienen zur höchsten Priorität machen – eben vor dem Verdienen. Seien Sie kulant; es ist meist günstiger, als Sie denken. Es macht einen Unterschied, wenn Sie ein Kunde zwei Tage nach Ablauf der Garantie fragt, ob der Artikel noch im Rahmen der Garantie ersetzt oder repariert werden kann. Er ist halt leider erst nach einem Jahr und zwei Tagen kaputt gegangen. Natürlich können Sie! Gar kein Problem. Sie kennen die Situation selbst aus Kundensicht: Die Garantie ist gerade abgelaufen und dann geht das Gerät kaputt. Sie befürchten schon, dass Sie den Schaden selbst beheben müssen, ärgern sich über diesen Zufall, haben vielleicht schon davon gelesen, dass Hersteller extra Fehler oder Verschleißteile einbauen, damit die Geräte kurz nach der Garantie kaputt gehen. Und dann ist der Händler so nett und gewährt Ihnen die Garantie trotzdem. Die positive Überraschung wird einen so starken Effekt auf Ihren Kunden haben, dass er wieder bei Ihnen bestellt, Freunden und Bekannten davon erzählt oder eine positive Bewertung im Internet schreibt.

Sie können noch einen Schritt weiter gehen und Ihren Kunden beeindruckende Garantien geben. Zum Beispiel können Sie die Garantie freiwillig um ein Jahr verlängern oder, bei immateriellen Leistungen, garantieren, dass Ihr Kunde sein Geld zurück erhält, wenn er nicht zufrieden ist. Sie werden überrascht sein, wie wenige Kunden auf solch eine Garantie tatsächlich zurückgreifen, wenn Sie einen guten Job machen. Und darauf hatten wir uns ja bereits geeinigt.

Empfehlungen und Bewertungen

Wir haben weiter oben schon über die verschiedenen Portale im Internet gesprochen, auf denen Sie sich mit Ihrem Unternehmen eintragen können, zum Beispiel Google Business/Maps, TripAdvisor etc. Diese Portale haben oft auch eine Funktion, mit der Ihre Gäste und Kunden Ihr Unternehmen bewerten und Rezensionen schreiben können. Die Besucher dieser Portale entscheiden sehr stark nach den Bewertungen und Rezensionen. Je mehr gute Bewertungen und Rezensionen Sie erhalten, desto mehr neue Kunden werden Ihrem Unternehmen eine Chance geben.

Manche Leute bewerten Unternehmen aus eigenem Antrieb, die meisten aber erst, wenn man sie dazu animiert. Fordern Sie daher aktiv dazu auf, Ihr Unternehmen zu bewerten. Platzieren Sie Links zu allen Portalen und Netzwerken, auf denen Sie präsent sind, auf Ihrer Website. Drucken Sie diese auf Ihre Speisekarte, auf Ihre Visitenkarte, auf Bierdeckel, auf Ihren Kassenzettel oder auch auf Plastiktüten und auf Ihre Lieferwagen. Erst, wenn Ihre zufriedenen Kunden wissen, dass Sie dort präsent sind, werden sie aktiv nach Ihnen suchen und eine Bewertung hinterlassen. Anbieter wie Foursquare, Yelp und TripAdvisor schicken Ihnen sogar gratis kleine Aufkleber zu, die Sie an Ihre Tür kleben können.

Wie gehen Sie mit negativen Bewertungen um?

Als erstes sollten Sie durchatmen. Sei die Bewertung auch noch so schlimm, antworten Sie nicht sofort. Wenn die Bewertung keinen Text enthält, dann können Sie nichts machen. Die deutsche Rechtsprechung schreibt seit einiger Zeit vor, dass Bewertungen nicht moderiert werden dürfen. Entweder wir veröffentlichen alles oder nichts.

Wenn die Bewertung Text enthält, also eine Begründung, überlegen Sie, ob Sie den Sachverhalt genau so sehen und ob Sie den Standpunkt des Gastes/Kunden verstehen können. Reklamationen und Kritik sind wertvolle Einblicke darin, wie Ihr Geschäft von anderen wahrgenommen wird. Und auf jeden, der sich die Mühe macht, eine Bewertung zu schreiben, kommen fünfzig Kunden, die die gleiche Kritik gehabt hätten, aber nicht schreiben wollten. Negative Bewertungen und Reklamationen sind gute Gelegenheiten, es besser zu machen.

Wenn Sie finden, dass die Kritik ungerechtfertigt ist oder die Bewertung zu harsch ausfällt, dürfen Sie das sagen. Je nach Bewertungsplattform kann der Betreiber des Geschäfts eine Antwort schreiben und seine Sicht der Dinge darlegen. Bleiben Sie dabei immer sachlich und freundlich, auch wenn die Kritik unsachlich und unfreundlich verfasst war. In unserem Onlineshop schreibe ich die Kunden auch gerne direkt per E-Mail an und bitte sie, ihre Bewertung zu überdenken. Von Zeit zu Zeit geben Kunden eine sehr schlechte 1-Sterne-Bewertung ab, obwohl sie nur einen kleineren Mangel kritisieren oder etwas, was gar nicht in unserer Verantwortung lag. Dann erkläre ich, dass eine 1-Sterne-Bewertung so viel heißt wie „Das sind Betrüger, hier nicht einkaufen!", und ob der Kunde das wirklich so meint. Schon öfter hat ein Kunde daraufhin seine Bewertung zum Besseren geändert.

Wenn Sie viele Bewertungen erhalten, ist auch immer wieder eine schlechte dabei. Akzeptieren Sie das einfach und machen Sie weiter. Und wenn Sie regelmäßig schlechte oder mittelmäßige Bewertungen bekommen, dann gibt es nur eine Lösung: Werden Sie besser und beheben Sie die Mängel, die Ihren Kunden regelmäßig missfallen.

Das Wichtigste aus diesem Kapitel

- Entscheidend ist die Einstellung, mit der Sie Ihren Kunden begegnen.

- Sie müssen Ihren Kunden dienen, um zu verdienen. Und Sie dienen ihnen, indem Sie ihre Probleme lösen.

- Seien Sie kulant; es ist meist günstiger, als Sie denken.

- Geben Sie Ihren Kunden beeindruckende Garantien.

- Je mehr gute Bewertungen und Rezensionen Sie erhalten, desto mehr neue Kunden werden Ihrem Unternehmen eine Chance geben. Fordern Sie daher aktiv dazu auf, Ihr Unternehmen zu bewerten.

- Bei negativer Kritik sollten Sie als erstes tief durchatmen.

- Bleiben Sie immer sachlich und freundlich.

- Reklamationen und Kritik geben Ihnen wertvolle Einblicke, wie Ihr Geschäft von anderen wahrgenommen wird. Beheben Sie die Mängel, die Ihren Kunden regelmäßig missfallen.

- Wenn Sie finden, dass die Kritik ungerechtfertigt ist oder die Bewertung zu harsch ausfällt, dürfen Sie das sagen.

Der Umgang mit Ihrem Umfeld

Wenn Sie ein lokales Geschäft betreiben, schauen Sie sich in Ihrer Nachbarschaft um. Gibt es interessante Geschäfte, Organisationen, Vereine oder sogar eine Agentur für Stadtteilmarketing, mit denen Sie gemeinsam daran arbeiten können, Ihre Nachbarschaft zu vermarkten?

Oft haben größeren Einkaufsstraßen auch einen Verbund der ansässigen Händler, die daran arbeiten, die Straße gemeinsam zu vermarkten. Scheuen Sie sich nicht, mit der scheinbaren Konkurrenz zusammenzuarbeiten. Nur, weil am anderen Ende der Straße auch ein Bäcker liegt, heißt das nicht, dass eine Vermarktung der ganzen Straße Ihnen nicht zugute kommt. Und diese Leute dann eher zu Ihnen zu bringen als zum anderen Bäcker, ist Ihre Aufgabe im Marketing. Konkurrenz belebt das Geschäft.

Gehen Sie ruhig auch mal zu Veranstaltungen der IHK, ansässiger Unternehmerverbände oder weiterer Veranstaltungen, wo andere Unternehmer teilnehmen oder Menschen, die etwas in Ihrem Einzugsgebiet bewegen. Bei diesen Gelegenheiten überlegen Sie, welche Anknüpfungspunkte Sie mit diesen Personen und Unternehmen haben könnten. Stellen Sie sich vor, erkundigen Sie sich über die Arbeit Ihres Gegenübers und schauen Sie, ob es gemeinsame Interessen gibt.

Online vernetzen

Auch im Internet können Sie sich ein Netzwerk aufbauen. So wie wir weiter oben schon über die sozialen Netzwerke von Facebook etc. gesprochen haben, gibt es ähnliche Angebote auch für berufliches Vernetzen. In Deutschland heißt der größte Anbieter XING, international, aber auch in Deutschland immer populärer, ist Linkedin der große Spieler.

Registrieren Sie sich mit einem persönlichen Profil auf beiden Portalen und verknüpfen Sie sich mit allen Kontakten, die Sie bereits haben. Bei der Anmeldung werden hierfür auch bestimmte Werkzeuge angeboten, beispielsweise Ihr E-Mail-Adressbuch nach XING-

Mitgliedern zu durchsuchen. Sie können auf XING nach Experten für bestimmte Bereiche suchen, die für Sie relevant sein könnten. Darüber hinaus gibt es auf XING und Linkedin unzählige Gruppen zu allen möglichen Themen, die für Sie ebenfalls interessant sein könnten.

Das Wichtigste aus diesem Kapitel

- Vernetzen Sie sich mit Unternehmern in Ihrer Nachbarschaft.
- Scheuen Sie sich nicht, mit der scheinbaren Konkurrenz zusammenzuarbeiten.
- Auch im Internet können Sie sich ein Netzwerk aufbauen, zum Beispiel auf XING oder Linkedin.

Aufgaben / nächste Schritte

- Recherchieren Sie lokale Unternehmer-Netzwerke.
- Registrieren Sie sich mit einem persönlichen Profil auf XING und Linkedin und verknüpfen Sie sich mit allen Kontakten, die Sie bereits haben.
- Wenn Sie ein lokales Geschäft betreiben, schauen Sie sich in Ihrer Nachbarschaft um.

Werbemittel und Merchandise

Werbeflächen

Betrachten Sie zunächst einmal alles als eine potentielle Werbefläche: Ihre Lieferwagen, Ihre Tragetaschen, die Kleidung Ihrer Angestellten, Briefpapier, Ihre E-Mail-Signatur, Wände, Türen und Fenster Ihrer Geschäftsräume etc. Alles können Sie mit Ihrem Logo, Ihrem Markenversprechen und ggf. Ihren Kontaktdaten versehen. Außer den Produktionskosten bezahlen Sie hier nichts, da die jeweilige Fläche Ihnen ja eh gehört. Billiger können Sie nicht werben, wie Sie weiter unten im Kapitel Außenwerbung sehen werden. Schauen Sie, welche Artikel oder auch welches Zubehör Sie in Ihrem Geschäft täglich brauchen und prüfen Sie, ob Sie es individualisieren können. Verbrauchen Sie viel Klebeband, weil Sie Artikel verpacken und verschicken? Lassen Sie sich Ihr eigenes Klebeband produzieren.

Natürlich wollen Sie die Waage halten zwischen starker Präsenz Ihrer Marke und einem stilvollen Auftreten. Wenn Ihr Geschäft gleichzeitig auch noch geschmackvoll aussehen soll, sollte Ihr Personal nicht mit Werbung beklebt sein wie ein Formel-1-Rennfahrer. Aber seien Sie auch nicht zu defensiv. Menschen sind heute täglich mehreren tausend Werbeeindrücken ausgesetzt. Wenn Sie da auffallen wollen, müssen Sie an vielen Stellen präsent sein. Damit machen Sie zwar nicht die Welt zu einem besseren Ort, aber Ihr Geschäft wird davon profitieren.

Werbematerialien und Merchandise

Neben den Werbeflächen und Verbrauchsartikeln, die Sie sowieso brauchen, können Sie natürlich noch Werbematerialien produzieren, die reinen Marketingzwecken dienen. Damit meine ich einerseits ganz klassische Werbemittel wie Informationsbroschüren, Flyer für Veranstaltungen, Plakate etc. Aber auch Werbegeschenke, die für Ihre Zielgruppe interessant sind. Dabei gilt: Versuchen Sie, mit dem Werbemittel so nah an Ihrer Zielgruppe zu sein, wie es geht. Natürlich können Sie Kugelschreiber bedrucken, aber das kann jeder. Gibt es stattdessen Artikel, die nur in Verbindung mit Ihrer Branche auftauchen und die man individualisieren kann? Wir haben beispielsweise in unserem Onlineshop für Billardzubehör angefangen, Billardkreide mit individuellem Aufdruck als Werbemittel zu produzieren und diese als Werbegeschenk zu verteilen.

Ein weiteres Beispiel: In unserem Billardsalon, wo in einem separaten Raum geraucht werden darf, wurde unser Personal oft nach Streichhölzern oder Feuerzeugen gefragt. Das hat uns dazu veranlasst, ein hochwertiges Feuerzeug mit Logoaufdruck zu produzieren, welches wir sogar verkaufen und nicht verschenken. Das können Sie mit vielen Artikeln machen, wenn diese hochwertig sind. So können Sie in unserem Billardsalon ebenfalls T-Shirts und andere Souvenirs mit unserem Logo kaufen.

Die Druck- und Produktionskosten für Werbemittel und Merchandise-Artikel sind niedrig wie nie zuvor, und auch kleine Stückzahlen sind mittlerweile erschwinglich. Das ist Fluch und Segen zugleich: Einerseits können Sie tolle Werbung für wenig Geld bekommen, andererseits sind Sie dem Risiko ausgesetzt, sich selbst mit neuen Werbeartikeln zu überladen, nur weil es so einfach ist. Überlegen Sie vorher gut, was Sie produzieren möchten und was Ihren Kunden gefallen würde. Und dann produzieren Sie etwas Schönes.

Das Wichtigste aus diesem Kapitel

- Betrachten Sie alles als eine potentielle Werbefläche. Billiger können Sie nicht werben.
- Schauen Sie, welche Artikel und welches Zubehör Sie in Ihrem Geschäft täglich brauchen und prüfen Sie, ob Sie es individualisieren können.

- Halten Sie die Waage zwischen einer starken Präsenz Ihrer Marke und einem stilvollen Auftreten.
- Reine Werbeartikel wirken am besten, wenn sie eine besondere Verbindung mit Ihrer Branche und Ihrer Zielgruppe haben.
- Die Druck- und Produktionskosten für Werbemittel und Merchandise-Artikel sind niedrig wie nie zuvor.
- Überlegen Sie vorher gut, was Sie produzieren möchten und was Ihren Kunden gefallen würde.

Aufgaben / nächste Schritte

- Analysieren Sie alle Materialien, mit denen Sie arbeiten, und überlegen Sie, welche davon Sie individualisieren können.
- Recherchieren Sie die Produktionskosten für diese Materialien.

Außenwerbung

Außenwerbung ist kein einfaches Pflaster. Wie schon gesagt, prasseln heutzutage täglich Tausende an Werbebotschaften auf uns ein. Ein Großteil davon befindet sich im öffentlichen Raum: Großflächenplakate, Bauzaun-Plakatierung, Litfaßsäulen, Werbung auf Bussen und Straßenbahnen, Werbefernsehen in öffentlichen Verkehrsmitteln, im Warteraum beim Zahnarzt etc.

Das Resultat: Wir werden immer blinder gegenüber den einzelnen Impulsen. Es braucht schon eine starke Präsenz im öffentlichen Raum, um überhaupt mit Ihrer Botschaft aufzufallen. Und das ist teuer. Großflächige Werbeplakate, Citylight-Poster (die beleuchteten Plakate an Bushaltestellen) oder auch permanente, beleuchtete Werbeschilder an Laternenmasten, schlagen mit mehreren hundert Euro Miete pro Monat zu Buche – pro Stück.

Die Verkäufer von Werbeflächen werden Ihnen etwas anderes erzählen, Ihnen von niedrigen Tausender-Kontakt-Preisen (TKP), Premium-Flächen und Mengenrabatten vorschwärmen. Ich sage nicht, dass Werbung im öffentlichen Raum nichts bringt, aber rechnen Sie genau nach, was Sie bekommen und wie Sie das Geld vielleicht anderweitig sinnvoller einsetzen könnten. Bedenken Sie, was Sie mit 1000,- Euro im Monat im Internet anstellen könnten, anstatt Leuchtschilder zu mieten und Litfaßsäulen bekleben zu lassen.

Diese Frage ist auch sehr von Ihrem Standort abhängig: In kleineren Städten oder ländlichen Regionen kann es sinnvoll sein, dauerhafte Schilder oder Plakatflächen zu mieten, um auf Ihr Geschäft aufmerksam zu machen. Und dort fallen Sie auch noch leichter auf. In Großstädten hingegen wird es schwerer.

Guerilla-Marketing

Eine Werbe-Variante, die Anfang der 2000er Jahre in aller Munde war (und heute fast schon etabliert ist), ist Guerilla-Marketing. Damit bezeichnet man alle Arten von unorthodoxen, teilweise sogar ordnungswidrigen Werbeformen. Die bekannteste Form sind ungenehmigte Plakate auf Stromkästen, an Laternen oder Hauswänden, die Sie sicher aus Ihrem Alltag kennen, oder auch Aufkleber, die überall kleben. Andere Varianten sind Werbebotschaften, die mit bunter Kreide auf den Asphalt gesprüht werden, oder sogar, ganz clever, Botschaften, die mit Schablonen und Hochdruckreinigern erzeugt werden, indem der normale Straßendreck vom Asphalt entfernt wird. Da kann wirklich niemand von Sachbeschädigung sprechen.

Guerilla-Marketing-Maßnahmen sind meist günstiger als klassische Außenwerbung. Weil sie oft ungewöhnlich und originell sind, fallen sie besser auf. Sie selbst müssen Ihre Schmerzgrenze kennen, welche Risiken Sie bereit sind einzugehen. Definitiv riskieren Sie, dass Ihre Werbebotschaften schnell wieder entfernt werden. Darüber hinaus können Sie mit Ordnungsgeldern belegt werden oder andere rechtliche Konsequenzen spüren. Achten Sie darauf, dass nichts dauerhaft beschädigt wird, denn dann dürften eventuelle Konsequenzen schmerzhafter ausfallen. Das Umfeld ist auch relevant: Berlin ist übersät mit ungenehmigter Werbung, es gehört fast zum gesunden, unternehmerischen Verstand, hier mitzumischen (wenn es zu Ihrer Zielgruppe passt). In Bad Tölz hingegen würde ich eher zurückhaltend agieren, da die Ordnungsbehörden sich hier sicher eher die Mühe machen, einzelne Urheber solcher Maßnahmen zu belangen.

Das Wichtigste aus diesem Kapitel

- Es braucht eine starke Präsenz im öffentlichen Raum, um mit Ihrer Botschaft aufzufallen. Und das ist teuer.
- Rechnen Sie genau nach, was Sie bekommen und wie Sie das Geld vielleicht anderweitig sinnvoller einsetzen könnten.
- In kleineren Städten oder ländlichen Regionen ist klassische Außenwerbung sinnvoller als in Großstädten.
- Guerilla-Marketing-Maßnahmen sind alle Arten von unorthodoxen, teilweise sogar ordnungswidrigen Werbeformen. Sie sind meist günstiger als klassische Außenwerbung.

- Sie selbst müssen Ihre Schmerzgrenze kennen, welche Risiken Sie bereit sind einzugehen.

Klassische Medien

Dann gibt es da noch die klassischen Medien: Zeitungen und Zeitschriften, Radiosender und Fernsehsender. Auch wenn das Internet die Medienlandschaft radikal umgekrempelt hat, haben die klassischen Medien heute noch eine sehr starke Bedeutung. Und auch wenn beispielsweise gedruckte Medien seit Jahren schrumpfende Auflagen und Einnahmen verzeichnen, heißt das nicht, dass sie dem Untergang geweiht sind; die Medienhäuser verändern sich, hin zu Anbietern digitaler Inhalte, ob Text, Video oder Tonbeiträge (oder einer Mischung aus allem).

Deshalb werde ich hier, auch wenn an ihnen nichts „klassisch" ist, Blogs und neue Online-Medien mit erwähnen. Denn auch wenn sie neu sind und oft deutlich kleiner als die etablierten Medienhäuser, sind sie sich doch sehr ähnlich in Bezug darauf, wie Ihr Geschäft in diesen Medien vorkommen kann. Grundsätzlich gibt es dafür zwei Möglichkeiten: entweder als bezahlte Werbung oder im redaktionellen Teil.

Bezahlte Werbung

Neben dem Verkaufspreis von Zeitungen und den Rundfunkgebühren haben sich die klassischen Medien immer über Werbung finanziert. Das ist auch heute noch der Fall; viele neue Anbieter, Blogs und andere digitale Medien, erheben überhaupt keine Gebühren für ihre Inhalte und brauchen alternative Einnahmequellen. Der Deal ist hier ganz einfach: Das jeweilige Medium hat eine gewisse Reichweite, idealerweise in Ihrer Zielgruppe, und Sie bezahlen dafür, dass Sie in diesem Medium vorkommen.

Das kann etliche verschiedene Ausformungen haben: In Zeitungen und Zeitschriften können Sie Anzeigen buchen, im Radio und TV können Sie Werbespots schalten und in digitalen Medien können Sie Werbebanner buchen, die digitale Entsprechung von Anzeigen im Print-Bereich.

Für kleine Unternehmen ist TV-Werbung zu teuer, als dass wir sie hier besprechen müssen. Radio kann durchaus schon lohnend sein, ebenso Anzeigen in Zeitschriften und Zeitungen. Doch beachten Sie auch hier, was ich oben über Außenwerbung gesagt habe: Rechnen Sie genau nach, was Sie bekommen, und was Sie stattdessen mit dem Budget machen könnten. Behalten Sie auch im Auge, wie unaufmerksam Zeitungsleser Werbung gegenüber sind. Im Internet gibt es sogar einen Begriff dafür: „banner blindness" bezeichnet die „Blindheit" des Nutzers gegenüber Werbebannern, die er einfach nicht mehr wahrnimmt. Seien Sie also kritisch gegenüber den Versprechungen des Anzeigen-Verkäufers, der Ihnen hübsche Zahlen um die Ohren haut. Diese sind meist nur die halbe Wahrheit.

Ein weiterer Aspekt, der meiner Meinung nach zu überhöhten Preisen bei den klassischen Medien führt, ist, dass diese noch aus einer Zeit kommen, in der es deutlich weniger Werbekonkurrenz gab und Sie als Werbetreibender eben auf die Anzeigen in der örtlichen Zeitung angewiesen waren. Die klassischen Medien hatten damals viel mehr Bedeutung und konnten die Preise diktieren. Heute gibt es im Internet so viele Alternativen, auf sich aufmerksam zu machen, was ja gerade der Grund für den Niedergang der klassischen Medien ist.

Trotzdem verlangen diese oft noch die gleichen Preise, die im Vergleich zu anderen Werbeformen viel teurer sind. Schauen Sie also genau hin, was Sie für welche Leistung bezahlen.

Digitale Medien und Blogs

Alternativen zu den klassischen Anbietern sind, wie eingangs schon erwähnt, die neuen Mitspieler im Medienbereich. Recherchieren Sie neue digitale Medien, Magazine, Blogs, die mit Ihrem Thema zu tun haben, und schauen Sie, welche Werbemöglichkeiten diese Ihnen anbieten. Kleinere Blogs können perfekt für Ihre Zielgruppe sein, auch wenn sie, absolut gesehen, viel weniger Besucher haben als die Website Ihrer örtlichen Tageszeitung. Wenn Sie auf einem Blog keine Informationen über Werbemöglichkeiten finden, schreiben Sie den Blogger einfach an und fragen Sie nach. Sie können hier wirklich gute Schnäppchen machen, wenn das Thema des Blogs zu Ihrem Geschäft passt und der Blogger relevante Besucherzahlen hat.

Sie müssen sich übrigens nicht darauf beschränken, Banner in einem Blog zu schalten. Viel üblicher ist es, dass der Blogger einen Beitrag über Ihr Produkt schreibt, Ihr Produkt ausprobiert oder Ihr Geschäft besucht. Das wird dann zwar als bezahlter Beitrag gekennzeichnet, wie es in Deutschland vorgeschrieben ist, erzeugt aber trotzdem mehr Glaubwürdigkeit und Aufmerksamkeit als ein Banner, das eh übersehen wird.

Wenn Sie mit digitalen Medien werben, beachten Sie immer, dass Sie den Erfolg sehr gut messen können. Erstellen Sie spezielle Links, die vom bezahlten Beitrag oder dem Werbebanner zu Ihnen führen, mit denen Sie messen können, wie viele Besucher oder sogar Verkäufe zu Ihnen geführt haben. Sie können auch spezielle Aktionen ins Leben rufen, die Sie dann in Blogs etc. bewerben, und die Benutzer auf extra eingerichtete Unterseiten („Landing Pages") auf Ihrer Website führen. So können Sie genau messen, wer auf Ihre Website kommt, und diesen Besuchern exklusive Angebote machen.

Pressearbeit

Neben bezahlter Werbung oder bezahlten Kooperationen gibt es weitere Wege, in den Medien vorzukommen, nämlich im redaktionellen Teil. Man berichtet über Sie. In grundlegenden Artikeln zur Pressearbeit wird gerne geschwärmt, dass man auf diesem Wege sehr günstig in die Medien kommen kann, da ja „gratis" über Sie berichtet wird. Das ist grundsätzlich korrekt. Allerdings braucht es oft großen Aufwand, Journalisten dazu zu bringen, über Sie zu berichten. Das kostet Zeit, und Zeit ist Geld.

Pressearbeit ist also nicht umsonst und kein Allheilmittel für kleine Unternehmen mit wenig Geld. Aber sie ist natürlich ein sinnvolles Instrument und kann große Auswirkungen haben, wenn schließlich über Sie berichtet wird. Pressearbeit ist eine Disziplin, die viel Geduld erfordert und deren Erfolg Sie relativ schlecht steuern können. Bleiben Sie dran und prüfen Sie, wie viel Aufwand Sie investieren. Dann kann Pressearbeit für Sie nützlich sein.

Gute Stories schaffen

Journalisten sind grundsätzlich unabhängig. Sie sind nur einer Sache verpflichtet: ihrem Publikum gute Storys zu liefern. Gute Storys haben einen Informationsgehalt, einen Nutzwert oder sind unterhaltsam. Und auch wenn Sie Ihr Produkt informativ, nützlich oder unterhaltsam finden, wird ein Journalist das nicht automatisch genau so sehen.

Wenn es sich nicht um ein Fachmagazin für Ihr Thema handelt, ist es eher unwahrscheinlich, dass der Journalist Ihr Thema per se für besonders interessant hält. Das heißt, Sie müssen eine Geschichte erzählen, die mehr enthält, als dass Sie jetzt ein, zwei neue Produkte im Sortiment oder andere Öffnungszeiten haben.

Einer meiner ersten Kunden war eine Berliner Bäckerei, ein Familienbetrieb mit vier Geschäften. Anstatt einfach über leckere Brote zu berichten (was überhaupt keinen Nachrichtenwert hat), erschufen sie „Die lange Nacht des Backens", in der sie die Backstube öffneten und vorführten, wie Brot und Croissants hergestellt werden. Es gab natürlich Kostproben und dazu Sekt und Musik. Auch hiermit schafften sie es nicht auf Seite 1 der Berliner Tageszeitungen, aber im Lokalteil der Zeitungen wurde berichtet und auch in einigen Stadtteil-Magazinen. Und natürlich haben solche Aktionen immer auch eine direkte Auswirkung auf die Gäste der Veranstaltung und die unmittelbare Nachbarschaft.

Halten Sie sich immer vor Augen, dass redaktionelle Berichterstattung nie garantiert oder planbar ist. Sie machen den Medien ein Angebot und hoffen, dass es interessant ist. Selbst wenn ein Journalist sich bei Ihnen meldet und Fragen stellt oder sich für Ihre Veranstaltung anmeldet, heißt das nicht, dass er auch über Sie berichtet oder zu der Veranstaltung erscheint. Seien Sie dann nicht beleidigt. In den Redaktionen werden dauern Dinge wieder umgeworfen, und was eben noch einen Platz in der Berichterstattung hatte, fliegt gleich schon wieder raus.

Pressearbeit in der Praxis

Wie funktioniert Pressearbeit nun praktisch? Als erstes kommt die Story. Worüber möchten Sie berichten? Schreiben Sie eine Presseinformation, die nicht nur die relevanten Informationen vermittelt, sondern eine Geschichte enthält. Warum machen Sie, worüber Sie gerade berichten? Was ist das Besondere daran? Die Pressemitteilung sollte nicht länger als eine DIN-A4-Seite sein und, neben der Story, auch Ihre vollständigen Kontaktdaten mit Name, Funktion, Handynummer und E-Mail-Adresse enthalten. Wenn Ihre Pressemitteilung gut geschrieben ist, kann es vorkommen, dass sie 1:1 oder sehr ähnlich als Text in der Zeitung erscheint. Der erste Absatz Ihrer Pressemitteilung sollte dabei das Wesentliche Ihrer Story in 2-3 Sätzen zusammenfassen. Diese Zusammenfassung ist auch für Sie nützlich, um später am Telefon den Redakteuren zu erklären, worum es geht (natürlich ohne abzulesen).

Dann kommt die Recherche nach passenden Medien. Finden Sie relevante Zeitungen, Zeitschriften, Blogs, Radiosender etc., in denen Sie gerne vorkommen würden. Wenn es große Medien mit breiten Themengebieten sind, schauen Sie auch nach einzelnen Rubriken, in denen Sie auftauchen könnten. Werden beispielsweise in einem regelmäßigen Artikel neue Gründer vorgestellt?

Legen Sie diese Recherche breit an und nehmen Sie auch kleinere Medien wie kostenlose Stadtteilmagazine hinzu. Kundenmagazine von Krankenkassen, Fluggesellschaften o.ä. können auch interessant sein. Und natürlich Online-Medien und Blogs, die zu Ihrem Thema passen könnten. Sammeln Sie diese Adressen in einer Excel-Tabelle oder auf Google Tabellen. So können Mitarbeiter oder Dienstleister ebenfalls darauf zugreifen.

Als nächstes brauchen Sie Kontaktdaten der jeweiligen Medien. Mindestens eine Telefonnummer und eine E-Mail-Adresse; idealerweise jedoch die Telefonnummer und E-Mail des Redakteurs, der für die gewünschte Rubrik verantwortlich ist. Bei größeren Redaktionen finden Sie diese persönlichen Informationen selten auf der Internetseite, sondern müssen anrufen und fragen, an wen Sie Ihre Presseinformation zu Ihrem Thema schicken dürfen. Notieren Sie auch zu jedem Kontakt, welche Themen für diesen interessant sind. So können Sie bei späteren Aktionen gleich die richtigen Medien und Redakteure auswählen.

Senden Sie nun Ihre Pressemitteilung, zusammen mit ein bis zwei passenden Fotos, an Ihre Verteilerliste. Senden Sie die Pressemitteilung sowohl als Word-Dokument als auch als PDF. So können die Redakteure den Text direkt kopieren und brauchen einzelne Passagen nicht abschreiben.

Nach einigen Tagen können Sie telefonisch nachhaken, ob der Redakteur die Pressemitteilung erhalten hat. Sollte man Sie kurz angebunden abwimmeln oder bitten, nicht mehr anzurufen, nehmen Sie es bitte nicht persönlich und respektieren Sie den Wunsch. Bedenken Sie, dass Redaktionen jeden Tag hunderte Pressemitteilungen erhalten. Viele davon enthalten keine interessante Story und gehen den Redakteuren quasi „links rein und rechts raus". Seien Sie also nicht beleidigt, wenn die Redaktionen nicht genau so begeistert von Ihrem Thema sind wie Sie.

Presseportale

Neben Ihrer eigenen Website empfiehlt es sich, Ihre Pressemeldung auf einigen so genannten Presseportalen im Internet zu veröffentlichen. Das sind Websites, auf denen jeder Pressemitteilungen veröffentlichen kann. Es ist kein großer Aufwand und kann durchaus passieren, dass Lokalredakteure oder auch News-Websites zu Nischenthemen über ein solches Portal auf Ihre Meldung aufmerksam werden. Darüber hinaus haben diese Portale einen gewissen Wert für Ihre Suchmaschinenoptimierung, da Sie in diesen Meldungen auch immer Links auf Ihre Website setzen können, was sich positiv bei Google und Konsorten auswirkt.

Ich nenne hier bewusst keine einzelnen Anbieter, da die Empfehlungen sich schnell ändern. Ich empfehle Ihnen, dazu selbst im Internet zu recherchieren und die besten aktuellen Presseportale zu finden (Google-Suche z.B.: „presseportale 2016").

Das Wichtigste aus diesem Kapitel

- Auch wenn das Internet die Medienlandschaft radikal umgekrempelt hat, haben die klassischen Medien heute noch eine starke Bedeutung.

- Sie können in klassischen Medien entweder mit bezahlter Werbung oder im redaktionellen Teil vorkommen.

- Klassische Medien verlangen für Werbeplätze oft überhöhte Preise, was heute im Vergleich zu anderen Werbeformen viel teurer ist. Rechnen Sie bei bezahlter Werbung genau nach, was Sie bekommen, und was Sie stattdessen mit dem Budget machen könnten.

- Wenn Sie mit digitalen Medien werben, beachten Sie immer, dass Sie den Erfolg sehr gut messen können.

- Wenn Sie im redaktionellen Teil vorkommen möchten, müssen Sie eine interessante Geschichte erzählen.

- Redaktionelle Berichterstattung ist nie garantiert oder planbar.

Aufgaben / nächste Schritte

- Nehmen Sie eine Zeitung oder Zeitschrift zur Hand, in der Sie auch gerne erwähnt werden würden, und suchen Sie Artikel, in denen anscheinend ein Unternehmen eine Story erschaffen hat. Überlegen Sie, was Sie ähnlich machen könnten, um für Journalisten interessant zu sein.

- Recherchieren Sie neue digitale Medien, Magazine, Blogs, die mit Ihrem Thema zu tun haben. Legen Sie diese Recherche breit an und nehmen Sie auch kleinere Medien wie kostenlose Stadtteilmagazine hinzu. Sammeln Sie auch die Kontaktdaten der jeweiligen Medien und trage Sie diese Adressen in einer Excel-Tabelle oder auf Google Tabellen ein.

- Schreiben Sie eine Presseinformation, die nicht nur die relevanten Informationen vermittelt, sondern eine Geschichte enthält. Denken Sie an Ihre Kontaktdaten!

- Senden Sie Ihre Pressemitteilung, zusammen mit ein bis zwei passenden Fotos, an Ihre Verteilerliste. Senden Sie die Pressemitteilung sowohl als Word-Dokument als auch als PDF.

- Veröffentlichen Sie die Pressemitteilung auch auf Ihrer Website und auf ein paar Presseportalen (s.u.).

- Nach einigen Tagen können Sie telefonisch nachhaken.

Erfolgsmessung

Henry Ford hat einmal gesagt, dass die Hälfte jedes Dollars, den er für Werbung ausgebe, rausgeworfenes Geld sei – er wisse nur nicht welche Hälfte. Und trotzdem sollten Sie versuchen, es so gut wie möglich herauszufinden. In großen Unternehmen wird alles mögliche gemessen. Teilweise sind ganze Teams damit beschäftigt, die Ergebnisse der Marketingmaßnahmen zu messen und zu analysieren. Und auch wenn Ihnen bei weitem nicht diese Mittel zur Verfügung stehen, sollten Sie sich immer fragen, wie Sie den Erfolg einer bestimmten Marketingaktion messen können. Wenn Sie eine Maßnahme nicht exakt bzw. quantitativ messen können, schätzen Sie sie wenigstens mit kühlem Kopf ein und schauen Sie nach Hinweisen, wie Ihre Maßnahmen wirken.

Online-Maßnahmen sind üblicherweise sehr gut zu messen. Mit Analysetools, die die Besucher Ihrer Website messen, können Sie sehen, woher ihre Besucher kamen und welche Handlungen sie auf Ihrer Website vollzogen haben. Wenn Sie zum Beispiel einen Podcast sponsern und dieser auf Ihre Website verlinkt, so sehen Sie immer, wenn Besucher von dort auf Ihre Website gekommen sind. Was Sie ebenfalls messen können, sind die Conversions auf Ihrer Website, also zum Beispiel Anmeldungen zum Newsletter, Download einer Broschüre oder direkter Kauf eines Produkts. Diese beiden Informationen können Sie dann miteinander verbinden und Sie können genau ausrechnen, wie viel Sie pro gewünschter Conversion bezahlt haben (wenn der Traffic Geld gekostet hat). Das wichtigste und bekannteste Tool hierfür heißt „Google Analytics" und ist kostenfrei.

Weitere Kennzahlen im Online-Marketing sind zum Beispiel die Anzahl Ihrer Newsletter-Abonnenten, Ihrer Facebook-Fans usw. Meist haben die einzelnen Plattformen eigene Statistik-Bereiche, denen Sie wichtige Erkenntnisse entnehmen können, was funktioniert und was nicht.

Es gibt übrigens ein ganz praktisches Tool, mit dem Sie die Kennzahlen verschiedener Tools in einer Übersicht (einem „Dashboard") zusammenfassen können. Es heißt „Cyfe" und ist in der Basis-Version kostenlos. So haben Sie auf einen Blick immer Ihre wichtigsten Zahlen im Blick.

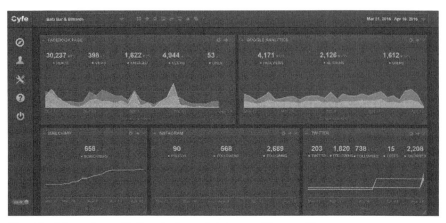

Das Dashboard von Cyfe mit den wichtigsten Kennzahlen

Die Messbarkeit der Maßnahmen im Online-Marketing ist der Traum eines jeden Werbers. Offline ist das schon nicht mehr so einfach. Wenn Sie beispielsweise eine Anzeige in einer Zeitung schalten, dann können Sie erst einmal nicht sehen, wie viele Menschen Ihre Anzeige gelesen haben. Hier müssen Sie sich z.B. mit eindeutigen Gutscheincodes behelfen, mit denen Sie messen können, wie oft der Gutschein eingelöst wurde.

Wenn Sie keine Gutscheine anbieten wollen, dann können Sie zumindest mit Ihren Kunden sprechen. Machen Sie eine Umfrage in Ihrem Geschäft und fragen Sie die Kunden, woher sie von Ihrem Geschäft erfahren haben. Besonders, wenn Ihr Geschäft neu ist, ist das sehr interessant, und Sie können daraus Schlüsse für weitere Maßnahmen ziehen.

Halten Sie auch sonst die Augen offen und suchen Sie Hinweise, wie gut oder schlecht eine Marketingmaßnahme wirkt. Ein Beispiel: Wir waren mit unserer Bar einmal kostenpflichtig in einem Stadtplan vertreten, in dem Berliner Szenelocations vorgestellt wurden. Dieser Stadtplan lag unter anderem in allen empfohlenen Locations aus, so auch bei uns. Die Stadtpläne lagen bei uns herum wie sauer Bier, niemand interessierte sich dafür. Daraus zogen wir den Schluss, dass das vermutlich auch an den anderen Locations so sei und entschieden, in der nächsten Auflage nicht mehr dabei zu sein. Nachdem das Design und Branding der Stadtpläne geändert worden war, änderte sich das übrigens, und wir revidierten unsere Entscheidung. Ganz nebenbei ein gutes Beispiel dafür, dass eine gute Verpackung wichtig ist.

Das Wichtigste aus diesem Kapitel

- Sie sollten sich immer fragen, wie Sie den Erfolg einer bestimmten Marketingaktion messen können.
- Online-Maßnahmen sind üblicherweise sehr gut zu messen offline ist das schon nicht mehr so einfach.
- Bieten Sie bei Offline-Werbung Gutscheine an, um den Erfolg zu messen, oder sprechen Sie mit Ihren Kunden.
- Halten Sie auch sonst die Augen offen und suchen Sie Hinweise, wie gut oder schlecht eine Marketingmaßnahme wirkt.

Zusammenfassung

Ich hoffe, dieses Buch gibt Ihnen sinnvolle Anregungen, wie Sie Ihr Marketing angehen und verbessern können. Wenn Sie dieses Buch erst einmal nur durchgelesen haben, blättern Sie gleich wieder an den Anfang und fangen Sie an, konkret an den gestellten Aufgaben zu arbeiten. Mir ist wirklich wichtig, dass Sie die genannten Dinge umsetzen und Ergebnisse erzielen. Deshalb ist das Buch auch relativ kurz und die einzelnen Inhalte sind knapp. Sie brauchen nicht unendlich Informationen zu einem Thema, sondern einen guten Überblick. Und dann gilt es anzufangen.

Lesen Sie die weiterführenden Quellen, die ich empfohlen habe. Besorgen Sie sich die Werkzeuge und nutzen Sie die Services, die ich empfohlen habe und die Ihnen nützlich erscheinen.

Wenn Sie Fragen zu diesem Buch haben, dann freue ich mich, diese per E-Mail an mail@patrick-baumann.de zu beantworten. Und wenn Sie Unterstützung bei der Umsetzung einzelner Maßnahmen brauchen, schauen Sie bitte auf meiner Website www.patrick-baumann.de, was ich für Sie tun kann, und melden Sie sich bei mir!

Und vergessen Sie nicht, sich gleich das kostenlose Download-Paket zum Buch herunterzuladen: www.pbom.de/bonus!

Zuletzt noch diese Bitte: Wenn Ihnen das Buch gefallen hat, hinterlassen Sie eine Rezension auf amazon.de, damit andere Leser von Ihrer Empfehlung profitieren können. Vielen Dank!

16175060R00059

Printed in Poland
by Amazon Fulfillment
Poland Sp. z o.o., Wrocław